競争法ガイド

David J. Gerber
デビッド・ガーバー［著］

白石忠志［訳］

COMPETITION LAW
AND ANTITRUST
A GLOBAL GUIDE

東京大学出版会

Competition Law and Antitrust: A Global Guide
by David J. Gerber

First published 2020 in English by Oxford University Press

Competition Law and Antitrust was originally published in English in 2020.
This translation is published by arrangement with Oxford University Press.
University of Tokyo Press is solely responsible for this translation from
the original work and Oxford University Press shall have no liability for
any errors, omissions or inaccuracies or ambiguities in such translation or
for any losses caused by reliance thereon.

Japanese translation by Tadashi SHIRAISHI
University of Tokyo Press, 2021
ISBN978-4-13-031200-4

本書は、Eleanor Fox と、Jerome Bruner の思い出とに、捧げられる。

Eleanor Fox のおかげで私は、さらに明瞭に、
さらに広い視野から、競争法を見ることができるようになった。
Jerome Bruner のおかげで私は、さらに明瞭に、
さらに広い視野から、全ての事柄を見ることができるようになった。

序　文

　競争法に携わっていて、3つの有害な問題にしばしば遭遇するという事実が、私を本書の執筆に駆り立てた。その3つの問題は、競争法を理解しようとする者の前にしばしば立ちはだかる。私は、長年の間に、その3つの問題が弊害をもたらすところを何度も目撃してきた。米国や欧州での国際的な実務において、多くの国の教室や会合や講演会場において、そして、あらゆる種類の競争法の発展や動向を研究する際において、である。競争法に対するこれらの3つの有害な問題は、競争法の重要な課題、すなわち、競争法には何ができ、競争法は実際には何をしており、競争法に関する政策判断には何が影響しているのか、という重要な課題を理解するのを困難にしている。本書は、以下のような3つの有害な問題を取り除いたうえで、理解すべき重要な課題に光を当てようとするものである。

　第1に、競争法が、これまで、わかりやすくなかった、ということである。これは非常に深刻な問題である。競争法をさらに理解することによって多くのものを得ることができたはずの多くの者が、そもそも遠慮して挑戦さえしなかったり、挑戦してもすぐに諦めたりする。障害物や混乱要素が道程に立ちはだかるからである。あるいは、単に難し過ぎると受け止める者もいる。ある法域の競争法について何かを理解しようと挑んでみたものの、様々な法域の競争法がどのようなことを行っているのか、それはなぜか、ということについて細々としたことや不明瞭なことが網の目のように存在しているのを知って、諦めてしまう者もいる。そもそも、多くの者は、競争法が脅威となるにせよ機会を与えてくれるにせよ、自分たちに競争法が関係するかもしれないということ自体に気づいていない。競争法の中核的な法目的をつかむのは簡単ではない。経済的競争を保護するために法律が経済的競争に介入する？　これはいかにも抽象的に聞こえる。しかし、競争法は、極めて実際的な影響をもたらすのである。本書は、これらの障害物を避けて通れる道を作る。すなわち、自分の法域の競争法の内容とそれが何をもたらしているのかをもっと知りたいという人にとっても、他の法域における政策判断を理解し

予想したいと考える人にとっても、役立つような道を作った。

　私の戦略は、簡単である。重要なことに集中し、興味をそぎ明快さを失わせるような不必要で細々としたことに触れない、という戦略である。競争法には共通した中核的要素があり、競争法の関係機関は同様の基本的な問題に直面しており、そのような問題に対処するための道具も、同じ道具箱から出してくるのである。本書は、これらの共通要素に集中して注目し、そのうえで、それぞれにおける多様な状況に若干言及する。こうすることによって、自分の法域の競争法において何が起きているのかを理解するための扉が開かれ、他の法域に何がありそうかを理解するための行程も用意される。政策判断は、公式のものであれ非公式のものであれ、これらの扉を開くための鍵となる。競争法における政策判断と、それに影響を与える要素とに、集中して注目することによって、関係のある資料だけに関心を注ぎ、あまり重要でない細々としたことを取り除く。このため、本書は短編となり、読者に提供する価値を最大化することができた。

　第2の有害な問題とは、競争法に対する歪曲された理解である。これは、私にとって困惑の種であって、苦痛でさえある。競争法とその動向に関する不正確な理解が、多くの人を迷わせ、混乱させている。そのために、誤解、失敗、誤ったメッセージ、非生産的で有害な判断が生じている。例えば、多くの人々（特に米国の人々）は、競争法とは経済学に関する細かなテクニックを扱う分野であると考えている。その結果、競争法を理解したいと望んでも無理であり、「専門家」の出す結論を受け入れるしかない、と考えている。あるいは、競争法は経済的利益を守るためのものであって、正義や公正といったものは眼中にない、と考えている人々もいる。そうかと思うと、競争法とは建前だけの代物であり、念入りに検討する価値などない、と考えている人々もいる。米国の外の多くの人々は、競争法とは米国が作った法であり、自国の競争法は米国ビジネスの利益のために作られた（控えめに言っても、作るよう米国から促された）ものである、と思っている。他にもいくらでもあるが、ともあれこのようなイメージが、競争法に対する見方を歪め、有害な結果をもたらしている。このようなイメージは、無知による傲慢さの色彩を帯びているだけである場合もあるが、時に、個人的な経済的利害がその背後に潜んでいる場合もある。本書は、このような歪曲を明らかにし、それらの原因は何であるのか、どのような弊害をもたらしているのか、にも触れる。

　第 3 の問題に言及するのは不愉快なことが多いのであるが、それは、自国だけに視野を限定し、自国の競争法における政策判断に外国の影響があることをわかりにくくさせる者がいる、ということである。これまでの 30 年間のうちに、経済活動はグローバルになった。グローバルな市場、サプライチェーン、国境を越える投資、といったものが世界経済のかなりの部分を占めるようになり、競争法も、そのような新しい環境における競争法上の弊害を取り扱うことを余儀なくされている。一国だけの競争法ではそのような問題に効果的に対応することはできないので、一国の判断権者は、弊害を見つけて認定し、それに対応するために、他の国の判断権者と協調しなければならない。その結果として、国内の判断権者は、外国の、競争当局官僚、弁護士、研究者や、公的なものから私的なものに至るまで無数の国際的な組織や利益集団の影響を受けることになる。ところが、国内の政策判断に対して網の目のような外国からの影響が直接または間接に及んでいることを知らないままに、国内の政策判断について論ずる者が多い。そのような者も、外国から若干の圧力や利益誘導があることに気づくことはあるのかもしれない。しかし、それがどのようにして国内の政策判断に影響し、影響を与えるそれぞれの要素が相互にどのように関係し合っているのかを考えようとすることは稀である。

　そこで本書では、国内の政策判断に外国から影響が及ぼされる様子を知り、分析するための道具を提供する。ここで鍵となるのは、競争法の関係機関は、デジタル技術を前提とし相互作用を旨とするグローバルシステムの中で機能している、という点を理解することである。このシステムは、新しいパターンとルールを持つ新しいシステムである。このシステムがどのようなものであり、どのように機能するのかを知ることで、影響を与える個々の要素や、複数の要素の相互関係を理解することができ、それによって、それらの要素がどのようにして影響を及ぼすのかを明瞭に知ることができるようになるのである。

　以上のような戦略は、相まって、競争法を理解するための扉を開く。そしてそれは、どのような法域の競争法を理解する場合であっても、有効である。そして、扉のなかに招き入れたうえで、その法域を超えて、外界から影響を及ぼしてくる諸要素について知るための窓も開くことになる。

　本書は、私が執筆した書物のなかでは最も短い。しかし、書き上げるには

多くの忍耐と思考を必要とした。「今日の競争法の重要な諸断面をつかみと
れるような本を、どうすれば書けるのか？」という問題を、私は考え続けて
きた。競争法がグローバルなものである以上、本書もグローバルなものでな
ければならない。本書は、どこにいるどのような人にも、理解できるもので
なければならない。優れた詩のように濃縮されたものでなければならず、優
れた判決のように洞察力に富むものでなければならない。私の知る限りでは、
本書は他に類を見ないものである。このようなものを書いた人はいない。本
書が、せめて、上記の目標に近づくようなものであり、人々がそのような目
標を目指す場合の一助となるようなものとなっていれば、幸いである。

謝　辞

　本書の刊行というプロジェクトがさらに良いものとなるよう支援してくださった全ての皆様に対する感謝は、本当に深いものである。何よりもまず、常に、また永遠に、私の感謝は私のパートナーであり配偶者である Ulla-Britt に捧げられる。彼女は、このプロジェクトに対して非の打ちどころのないサポートを行い（「結局いつ仕上がるの？」と時々質問しただけではあるが）、内容に関する有益なコメントを述べ、また、プロジェクトを前に進めるためにあらゆることをしようとしてくれた。

　支援に対する感謝の気持ちを表したい方々のリストは長く、また、全てのお名前をあげることができたとしても、大きな意味はないと思われる。しかし、そのうちの何名かには言及しなければならない。Oxford における私の編集者である Alex Flach は、草稿に対して極めて有益なコメントをくれたうえ、本書の執筆に価値があることを初期の段階から揺るぎなく確信してくれた。彼とともに仕事ができて本当に幸運である。競争法の専門家である Andre Fiebig、Eleanor Fox、白石忠志、Spencer Weber Waller は、草稿のいくつかの部分に対してコメントをくれた。それらに負うところは大きい。世界中における多くのワークショップ、講義、学生、そしてそれらの際の会話は、掛け替えのない情報と知見を与えてくれた。全ての方々を思い出すことはできないが、私はそれらの方々に対し常に感謝の気持ちを伝えてきた。それらの方々が私の感謝の言葉を思い出してくださるなら幸いである。

　私の本務先である Chicago-Kent College of Law の図書館司書、教授秘書、学生であるリサーチアシスタントも、掛け替えのない存在である。そのうち少しばかりの方々に触れる。Mandy Lee は、優れた研究司書であり、重要な情報発見と創造的な情報収集において素晴らしい腕前を発揮してくれている。Nicole Wagner は、執筆の最終段階における秘書であるが、いわゆる「天の賜物」である。司書、コンピュータ専門家、そして万事に関する忍耐強く正確なアドバイザーとしての彼女の幅広い能力は、高い品質の文章を書くうえで極めて有益であった。優れた学生リサーチアシスタントにも、この過程で

助けられた。特に助けになった最近の3名のみに触れる。Jacob Aleknavicius、
Javier Ortega Alvarez、Samantha Ruben、である。「この方々がいなければ
不可能だった」という言葉は、使い古され濫用された表現であるかもしれな
いが、ここでは、本当のことであり、私の心の底からの言葉である。

目　次

日本語版凡例

本文に入る前に、全体に関わるいくつかの点について訳者として述べておきたい。

1　巻末の「本書の読み方」

著者は、原著の巻末に、「本書の読み方」という短い文を置いている。内容的には読者が最初に把握していると読みやすくなるものであるため、日本語訳では巻頭に置くことも考えられたが、第1章との重複が多いことにも鑑み、原著と同様に巻末に置いた。

2　翻訳方針、段落分け、見出し、注

本書の翻訳においては、著者による論述をそのまま日本語でわかりやすく表現する、ということを最も重要な基本方針とした。直訳は避け、著者の趣旨に沿う範囲内で少しでも自然な日本語となるよう努めた。

そのような基本方針の一環として、読みやすさを高めるため、原文では1つの段落になっているものを複数段落に分けた箇所や、見出しを追加したり見出しの階層を整理したりした箇所がある。

脚注は、1) 2) …が原注を、＊）が訳者注を示す。

3　「競争法」と「反トラスト法」

"competition law"（競争法）という言葉は、概ね1990年代以降において、日本の独占禁止法に相当する法分野を指す普通名詞として世界的に定着したものである。1990年代以降においてEU競争法の重要性が高まるまでは、この法分野では米国が世界の一強であった。米国では、その歴史的経緯により、この分野の法は "antitrust law" または単に "antitrust"（反トラスト法）と呼ばれている。米国ではこれが現在でも根強く、米国内の議論で "competition law" という表現が用いられることはあまりないと言ってよいほどである。

著者は、以上のようなことを念頭に置いて、しかし説明なく、米国の競争

法を "antitrust law" または "antitrust" と呼んでいる。したがって、日本語訳でも、そのような箇所では特に説明なく「反トラスト法」とした。

4 「法域」

法規範が妥当する範囲（多くの場合はその地理的範囲が意識される）のことを「法域」と呼ぶ。多くの場合は「国」という言葉に相当する。しかし、競争法の分野では、通常は「国」と呼ばれない EU が極めて重要であることもあり、そのようなものを含む概念として「法域」という言葉を用いた。現在では、「法域」に相当する英語として "jurisdiction" という言葉が用いられることが多いが、著者は、「法域」の意味で "regime" という言葉を使うことが多い。例えば、"some competition law regimes" とあれば、「いくつかの法域の競争法」と訳した。著者が "country" と書いている場合等は「国」とした。

5 「政策判断」

原著には、全編にわたり、"decision" という単語が頻出する。その多くは、個別事件に関する競争当局・裁判所の判断という意味より広く、法令の制定やガイドラインの策定など、幅広い政策判断を含む意味となっているように見受けられる。本書では、そのような意味であると考えられる場合には「政策判断」と訳した。

第1章 ── 本書のねらい

　経済における競争は、金銭や不動産などの利益を得ようとする闘いであり、ほとんど全ての地域のほとんど全ての人の人生にとって重要である。競争が存在するか否か、競争はどれほど活発か、競争はどれほど自由か、によって、私たちが何を買うか、仕事があるかどうか、どのような仕事をすることができるか、将来どのような機会があるか、が決まる。「競争法（competition law）」は、「反トラスト法（antitrust law）」とも呼ばれ、競争を制限しようとする行為を禁止して競争を守るために特に設けられた法である。したがって、競争法は全ての地域の人の人生にとって直接的で強い影響力を持ち得る。本書の目的は、競争法を身近で理解しやすいものとし、競争法の様々な顔を国内的なものから世界的なものに至るまで明らかにすることである。

　競争法は、ますます、ビジネスを形作る重要な要素となり、経済政策に影響を与え、世界中の人々や企業や政府に対して新たな機会を与えたり、逆に何かを阻んだりしている。この案件に投資すべきか。この契約にサインしても適法なのか。このプロジェクトは進めるべきか。このマーケティング戦略を実施しても適法か。自社の競争者が規模と力にものを言わせて自社の新規参入を阻んでいるのだがどのような対策が可能か。ネット巨大企業がユーザのデータについてこのようなことをしても許されるのか。弁護士は、競争法について浅薄な理解と誤った前提しか持っていないと、競争法上問題のない契約であるにもかかわらずストップするように助言してしまうかもしれないし、逆に、当局の調査の対象とされて課徴金・罰金を受けたり担当者が刑務所に入れられたりするような契約にゴーサインを出してしまうかもしれない。本書は、全ての人がこのような問題について適切な答えを得ることができるような道具を提供する。

　競争法は、各法域に閉じた国内的な側面と、国際的な側面とを、併せ持っている。各法域の関係機関は、人々の人生の経済的な部分に直接の影響を与える判断を行う。しかし、世界中における競争法の考え方、世界中の関係機関、世界中に蓄積された経験も、個々の法域の関係機関の判断に影響を与える。個々の競争法が他の法域の競争法に影響を与える。国内的な側面と国際的な側面は相互に影響し合っている。それを理解して初めて、個々の法域における競争法

上の判断を理解することができる。特定の法域において競争法がどのように機能するかを理解することも必要なことではあるが、それに対する他の法域からの影響を理解することも同じように重要である。本書は、国内と国際の相互作用という新たな環境のもとで競争法に取り組もうとする全ての人々のために書かれたものである。

　競争法を描く際に主役となるのは国の法律とその関係機関である（国とは言えない法域の法令とその関係機関であることもある）。本書では、そのような法が何を行い、それをどのように、なぜ行うのか、を見ていく。世界のどの法域の競争法も、他の法域と同様の問題に直面しているので、それぞれの法域の競争法に共通する側面について述べる。しかし、個々の法域の競争法は同じ問題に対してそれぞれ違った対応を行う。本書では、そのような、法域ごとに異なる側面にも光を当て、なぜそうなっているのかについても述べる。このように、共通点と相違点に注目することによって、競争法に関する重要な要素や情報を知ることができる。

　自分の法域の外の関係機関、法域外の関係者、法域外に蓄積された考え方や経験には、気づかないことも多い。それらの存在が知られていなかったり、それらがなぜ重要であるかが知られていなかったり、するからである。他の法域からの影響があり得ることを知っている場合であっても、どの法域のものが、どのような影響を与えるのか、ということまではわからないことが多い。そのために、人々は、過去の様々な政策判断を誤って理解したり、将来の予想を大きく誤ったりする。本書は、各国の法と世界的な影響との間の相互作用を理解するのに役立つ。本書が他の文献とは異なる新しい価値を持つとすれば、そのいくらかの部分は、以上のような本書の特徴によるものである。

　政策判断の前提となる様々な要素の相互作用においては、相互理解に基づくコミュニケーションが極めて重要である。しかし、他の法域の枠組みに関する理解が不足していたり誤っていたりするために相互理解が歪んだり損なわれたりすることも多い。相互理解が歪んでいると、弁護士は他の弁護士が言うことを誤解し、弁護士の顧客である企業は弁護士が言うことを誤解し、弁護士は企業の要望や期待を読み違えることになる。相互理解が歪んでいると、ある法域の当局関係者が発するメッセージを別の法域の当局関係者が読み誤り、協力関係を損ねてしまうこともあり得る。本書を読めば、そのような失敗や誤解も減るであろう。

　競争法とはどのようなもので、なぜ存在し、何をしており、どのように機能しているか。これらに漠然と関心を持っている人は多い。しかし、疑念、浅薄な知識、誤解に基づく思い込み、といったものは、一般の人たちだけでなく、

弁護士や当局関係者や企業経営者の間にも見られる。弁護士でない者は通常、競争法についてほとんど知らないし、知っていると思っている内容は誤っていることが多い。多くの弁護士は自らが属する法域の競争法についても浅薄な知識しかなく、他の法域の競争法については漠然とした理解や歪んだ理解をしている。ある国の競争法の専門家は、他の法域の競争法の内容やその影響力について、断片的な理解や誤りに満ちた理解しかしていないことが多い。本書は、以上のような、どのタイプの人々にとっても有益である。

1　本書の目標

　本書の最大の目標は、競争法をこれまでよりも理解しやすく親しみやすくすることである。法令の条文、裁判所の判決、政策的な文書、などの競争法関係情報は、無限に存在し、誰でもインターネットで利用することができる。しかし、何を読むべきか、それをどのようにして探せばよいのか、を知らなければ、情報は無益であり、場合によっては有害である。

　何をどのようにして探すかを知るには、自分が関心を持つ政策判断についてじっくりと考え、その政策判断に対してどのような要素が影響を与えるのかを考えてみるのがよい。法律への関心というものは、ほとんど全ての場合、将来何が起こるか、どのような政策判断がされるか、ということについてのものである。

　私たちは、法令や事例など、過去に書かれた公式の情報だけを見ることが多い。しかし、例えば、法令の条文に、特定の行為は禁止される、と書かれていても、実はそのような行為は黙認されていて、つまり、その条文は日々の政策判断に影響していなかった、ということがあるかもしれない。このように、法令の文言だけにこだわると、間違った、場合によっては致命的に間違った、理解をもたらす可能性が高い。

　そのようなことは特に、外国の関係機関がどのような行動に出そうかを知りたい場合に起こりやすい。外国の競争法に関する理解は、どうしても、浅薄で歪んだものになる。その結果、外国において情報がどのように受け止められ用いられるのかを私たちは理解していないことが多く、自分自身の先入観や主義主張や経験をもとにして外国の競争法の内容を決めつけてしまいがちである。

　そのようなことを避けて大事な要素を見分けるには、どうすればよいので
あろうか。それができて初めて、過去の政策判断を理解し、将来の政策判断
を予想し、そのようなことについて議論をすることができるようになる。

　本書の答えは、もっとよく見よ、しかしその前に、見るべきものを選び、
選んだもののうちどこに注目すべきかを知る必要がある、ということである。
つまり、いま関心を向けている政策判断に影響をもたらす可能性の高い情報
に集中し、その他の情報は脇に置く、ということである。本書では、細かな
ことを積み上げるのではなく、最も関係の深い情報は何であるのかを示して
いく。本書は、競争法上の政策判断において重要であるにもかかわらず見過
ごされがちな要素を照らし出すような情報や知見を紹介していく。問われる
べき疑問を提示し、それに答える方法を提案する。

2　目標を達成するための具体的な方法

　法律分野における問いというものは、過去の政策判断をどのように理解す
ればよいか、将来の政策判断をどう予想するか、ということに関するもので
あることが多い。したがって本書の注目は、政策判断と、それに影響を与え
る諸要素に向けられる。公式の政策判断そのものも重要であるが、公式の政
策判断は他の数々の政策判断の影響を受けている。法令の条文や過去の事例
は、関係者や関係機関の政策判断に影響を与える範囲でのみ、重要である。
本書が政策判断に影響を与える要素だけに集中するのはそのためである。

　関係機関、基本的考え方、そして個々人の相互関係が、法的判断に影響を
与える。私たちは、自分が属する法域については、そのような複雑な網の目
についてよく知っており、理解し予想したいと考える政策判断に対して網の
目がどのようにして影響を与えるかということもよく知っている。それに対
し、他の法域における政策判断に対してどのような要素がどのような影響を
与えているかについてはほとんど全く知らないので、そのような要素の持つ
影響力や重要性をどのように計測してよいかがわからない。そこで本書は、
政策判断に影響を及ぼす重要な要素に注意を向けようとするのである。

　そのような影響は、自己が属する法域からもたらされることもあるが、外
からもたらされることも多い。したがって、内外の諸要素の相互関係を理解
することが不可欠となる。本書は、グローバルシステムを視野に入れること

によって、これを実現する。グローバルシステムにおいては、法域の中と外で、人々、組織、利害関係、力関係、が存在し、相互作用をしている。個々の政策判断と、それらが組み込まれているシステムの両方を理解して初めて、価値の高い情報を選別し、誤解を招きやすく価値の低い情報をふるい落とすことができる。

　そのようにすれば、法域の境界を越えたコミュニケーションも改善される。人や組織は、自らが望むような影響を持ち得るメッセージを発し、また、受け取る情報を理解したいと考える。競争法においては、それは常に簡単なことではない。競争法の概念や考え方の多くは、一般的で抽象的である。さらに言えば、競争法の用語は、様々な糸が入り組んだ編み物のようになっている。例えば、その国の法に関する基本的な用語、組織や概念に関してその国で使われる専門用語、そして経済学的な用語である。このため、法域の境界を越えるメッセージの送り手と受け手とが同じメッセージの内容を異なる意味のものと理解することがある。多くの人は、同じ用語は世界中どこに行っても同じ意味であると考えがちであるが、そのような思い込みは誤解を招きやすく極めて危険である。本書は、法域の境界を越えたコミュニケーションにとっての障害としてどのようなものがあるか、障害を回避するにはどのようにすればよいか、を示していく。

　本書のこのような戦略は、どのような法域に属するどのような読者にとっても有益なものである。これらの戦略は、少しでも使いやすいものとなるように配慮した。これらを用いることにより、どのような読者であっても、競争法をさらに良く理解し、競争法の世界でさらに効果的に活動できるようになるはずである。そのような戦略的工夫は、多大の研究と経験に裏打ちされているわけであるが、読者にとって大事なのは、本書の戦略的工夫そのものに価値があるかどうかであろう。私自身は、価値があると判断していただけると確信している。

3　本書が行わないこと

　「ガイド」という本書の書名は、この言葉の通常の意味に照らすと、誤解を招きやすいかもしれない。そこで、本書が何でないかを明確にすることも重要である。多くの人は、ガイドとは基本的に情報の集積であると考えてい

る。例えば、旅行ガイドの本がホテルその他の詳細な情報を掲載しているようなイメージである。細かな情報を集積したガイドは、別の目標がある場合には価値があるかもしれないが、本書の目標との関係では価値はない。本書は、旅行ガイドのような書物を目指しているのではないのである。本書は、細かな情報を集めたりはしない。細かな情報に分け入り、それらに共通するパターンを明らかにすることによって、それらをこれまでよりも理解しやすく有益なものに変えようとする。そのような意味での、ガイドである。

4　本書の全体の概観

　第 1 部（第 2 章〜第 4 章）は、競争法とは何であるかを明らかにし、その法目的、関係機関、検討方法を明らかにする。

　第 2 章は、競争法の本質を検討する。一体これは何であるのか。1 つの法域の競争法に限定するのであれば、答えは比較的簡単かもしれない。しかし、複数の法域の競争法に視野を広げて共通性を論じようとすると、難しくなる。何かを理解し比較しようとした場合に起こる問題が、ここでも立ちはだかる。本書の解決策は、全ての法域の競争法に共通する中核的な意味を明らかにしたうえで、それぞれの競争法の多様性を指摘する、というものである。この章では、競争法を取り巻いて影響を与える外部要素についても述べる。

　第 3 章は、競争法の法目的を検討する。政府は競争法に何を期待しているのか。競争法は誰に利益をもたらそうとしているのか。本書は、法目的として明示されたものだけでなく、言語化されていない法目的や、あるいは、意図的に隠された法目的をも、明らかにする。

　第 4 章は、その法目的を関係機関がどのようにして実現しようとしているのかについて述べる。

　第 2 部（第 5 章〜第 7 章）は、競争法がどのような行為を規制対象としているのかを明らかにする。競争法は、どのような行為をやめさせようとしているのか。どのようにしてそのような行為を探知し、法的手続に乗せていくのか。本書では、競争法が問題とする主な行為類型を取り上げる。反競争的な合意、支配的企業による弊害、そして企業結合である。それぞれの行為類型について、どのような弊害をもたらすと考えられているのか、個々の法域の競争法はどのように対応しているのか、法域を超えた共通性としてどのよう

なものがあるか、を述べる。

　第 3 部（第 8 章〜第 10 章）は、世界で最も影響力の大きい米国と欧州の競争法を少し詳しく見る。また、他の法域の競争法を着実かつ効果的に理解するための道具を提供する。

　第 8 章では、米国の反トラスト法を取り上げる。その法目的、方法、関係機関を明らかにし、また、米国反トラスト法の世界における役割や影響力にも言及する。ほとんど世界中どの法域の競争法の議論をするとしても米国反トラスト法は立ち戻るべき拠り所とされているのであり、その影響は多方面に及ぶ。ところが皮肉なことに、米国反トラスト法は、多くの根本的な点において他の法域の競争法とは異なっている。

　第 9 章では、同様の検討を欧州の競争法について行う。欧州の競争法も、米国反トラスト法と同じくらいの影響力を持つことが多い。しかし、なぜ影響力を持つかというと、その理由は米国法とは異なる。

　第 10 章は、全ての法域の競争法を念頭に置いて、理解の鍵となる要素を明らかにする。そのような要素が、それぞれの競争法を形作っており、また、それぞれの競争法について調べたい情報がどこにあるかを教えてくれる。そのうえで、世界にいくつかあるグループごとに、それぞれの法域の競争法に共通する要素を検討し、それぞれの競争法を理解するためにその知見をどのように活かせばよいかを明らかにする。東アジア、ラテンアメリカ、そして新興成長経済圏の法域を、例として用いる。

　第 4 部（第 11 章・第 12 章）は、競争法をめぐるグローバルシステムについて論じ、個々の法域の競争法やグローバルシステム全体に突き付けられた変化を明らかにする。

　第 11 章は、複数の法域の競争法の間での相互作用に焦点を当て、それらの競争法がどのようにしてグローバルシステムを形作っているのかを示す。まずグローバルシステムを概観したあと、施策、考え方、影響力が、グローバルシステムを通じてどのように伝わり、世界のそれぞれの法域での政策判断に繋がっているのかを解説する。

　第 12 章は、競争法に突き付けられた変化のうち 2 つの大きなもの、すなわち、さらなるグローバル化とビッグデータという 2 つの問題に光を当て、それらが競争法とその関係機関にどのような変化を与え、どのような変化を求めているのかを明らかにする。

5　本書の使い方──想定される読者ごとに

　本書は、多くのタイプの読者にとって価値あるものとなる。競争法についての知識が限られている、または、全くない読者にとっては、本書は入門書となり、競争法の考え方、関係機関、用語を知るきっかけとなる。競争法のいくつかの側面について既に親しんでいる読者にとっては、まだ知らなかった側面に関する情報と知見をもたらすものとなるであろう。1つの法域の競争法をよく知っている読者は、他の法域の競争法を理解しそれに対応するための方法を知ることができるであろう。

　学生にとって本書は、大きな価値があるであろう。本書は、競争法の授業や、知的財産法など関連分野の授業において、有益となるような基本的な問題や情報を提供する。本書によって、具体的な諸点がどのように相互に関連しているかを知ることができる。それによって、それぞれの情報に意味があり関心をひくものであることを実感できるであろう。

　法律専門家は、過去の政策判断を理解し、将来を予想する必要があるが、本書を読めば、それらの任務を、これまで以上に、容易、迅速、かつ効果的に行うことができるようになる。弁護士は、いま手掛けている取引や訴訟に競争法が関係し得るのではないかと気づくことはあるかもしれないが、それを具体化して法的な評価を加える方法を知らないことが多い。情報が多すぎる一方で、個々の情報がどのように関連しているのかを理解するための道具は不足している。本書は、そのような道具を提供する。

　競争法専門家から見ても、本書には価値があるであろう。競争法専門家であれば、自己が属する法域の競争法は知っており、法域の境界を越えて実務をした経験もあるかもしれない。本書は、それに加えて、他の法域の競争法や、複数の法域の競争法の間の相互関係に関する、新たな視角や知見を提供するであろう。それは、多くの競争法専門家にとって価値があるものであると信ずる。

　当局関係者や立法関係者は、競争法に関する重要な政策判断をするわけであるが、しかし、問題の多くの側面について限られた知識しかないことも多く、詳細を知ろうとする興味や関心が大きくないことも多い。本書を読めば、延々と長く勉強しなくとも、競争法の論点を理解し、その持ち得る影響を予

想することができるようになる。その意味で本書は、詳細な文書の冒頭に置かれた簡潔明快な要約文のような機能を果たすであろう。

エコノミストの仕事は、経済理論を研究し、その成果である経済理論を経済現象に当てはめることである。経済理論や経済現象に対しては、特定の法域の競争法や、場合によっては複数の法域の競争法が、影響を及ぼすことも多い。本書は、それぞれの法域において競争法が政策判断にどのような影響を与えているのかを理解するための知見を提供する。本書を読めば、経済理論や経済現象に対して競争法が持ち得る影響とその具体的内容について、迅速に見通しを得ることができる。

ビジネスに携わる人々は、会社の成功にとって競争法がどのようなインパクトを持ち得るかということまでは知らないことが多い。それは特に、競争法が弱く、あるいは存在せず、あるいは課徴金が高額になることは稀であるためにビジネス判断に影響することもない、という国のビジネス関係者について言えることである。本書を読めば、ビジネス判断に潜む競争法上の問題や障壁を予期することができるようになり、闇雲にそのような取引に走って多額の授業料を払わずに済むようになる。ビジネス関係者が競争法の罠にはまったら、直ちに失業となることも多い。

最後に、一般の読者は、自分の日々の生活に競争法が影響を及ぼしていると考えることはないかもしれないが、商品や役務の価格には高い関心を持っていることが多い。本書は、そのような生活の構成要素に対して競争法がどのようにして影響を与えているのかを示すものとなる。多くの人は、市場原理がどのようにして富を創出し分配するかに関心を持っている。本書は、そのような社会的・経済的な生活において競争法がどのような役割を担っているのかということに関する多くの知見を提供する。

第 **1** 部

競争法の内容・法目的・判断手法

第2章 — 競争法の真の姿

　世界のほとんどの場所のほとんどの人にとって、「競争法」や「反トラスト法」という言葉には特に意味はない。どのような法律であるのかわからない人が多いし、何か知っていると思っている人はだいたい誤っている。自分の法域の競争法について若干のことは知っているが、それ以上であることはほとんどない。このことは、一般大衆だけでなく、多くの弁護士、官僚、ビジネス界の人々にも当てはまる。競争法とは何であるのかが定かでないことは、競争法について明瞭に検討したり、コミュニケーションをしたり、判断をしたりする際に、大きな障害となる。

　1つの法域の中で閉じた話においても障害は生ずるが、法域の境界を越える場合には障害はさらに大きくなる。

　例えば、米国の弁護士は他の法域の競争法も米国反トラスト法と同じ特徴を持つと思い込んでいることが多い。すなわち、経済的効率性を高めるという法目的を中心に回っており、重要な判断主体は裁判所であると思い込んでいることが多い。そのような思い込みは誤りのもととなることが多く、他の法域の競争法、弁護士、顧客企業などに対応しようと努力してもうまくいかない。

　別の例として、他の法域の法的文書をどのように理解するか、という問題がある。Ａ国の弁護士が、Ｂ国の競争法の条文は経済学的観点から解釈されるであろうと思い込んでいると、Ｂ国の競争法は条文の文字通りの意味によって解釈されるのであってＡ国の弁護士の解釈は完全に誤りである、ということが起こる。誤った思い込みがあると、コミュニケーションにも支障が生ずる。Ａ国の弁護士が、Ｂ国の担当官とコミュニケーションをし、Ａ国弁護士の顧客企業に対してＢ国競争法が持ち得る影響について検討する場合、Ｂ国競争法についてＡ国弁護士に誤った思い込みがあると、Ｂ国担当官の質問をＡ国弁護士が誤解し、また、Ｂ国担当官はＡ国弁護士の回答を誤解してしまうかもしれない。さらに困ったことに、お互いに、相手方が誤解していることに気づかない場合が多い。

　この章では、競争法とはどのようなものであるかを明らかにする。それをわかりにくくさせている原因を指摘し、どの法域においても共通する中核的な意

味を見出して、各法域ごとの違いも概観する。

1　競争法をわかりにくくしている諸々の要素

　競争法の顔をベールのように覆い隠し、そのイメージをわかりにくくし歪める原因となっている要素は多い。そのようなベールはどの法域の競争法にも存在し、競争法に対する受け止め方に影響を与え、ひいては競争法の実際の機能にも影響を与えている。以下は、どの法域の競争法にも共通するベールの例である。

① 法目的が曖昧である

　競争法の法目的は抽象的である。例えば、人に物理的危害を与えた場合に関する法と競争法とを比べるとよい。物理的危害を受けた人を守るための法を持つことの必要性は、誰にでもわかる。同じように、契約において詐欺をしたり強要をしたりする行為から人々を守る法を持つ必要性も、誰にでもわかる。それに対して、競争法は市場の正常な機能を守るために市場に介入する。わかりにくいではないか。

② 新参者である

　世界の多くの地域において、競争法はどちらかというと新参者である。米国では長年にわたって中心的な役割を担ってきているが、世界の多くの地域において重要となったのは随分と最近になってからである。欧州のいくつかの地域においては、1990 年代まではほとんど知られていなかった。世界のその他の多くの地域においては、1990 年代またはその後になるまで競争法は存在することさえなかった。いくつかの国では、現在でもよく知られてはいない。以上のことの結果として、競争法に注意を払うインセンティブが小さいという状況が、よく見られるところである。

③ 競争法にもいろいろある

　競争法といっても法域によって様々なものがあることが、ますます競争法の内容をわかりにくくしている。ある国においては、競争法という用語は、高度に発達した複数の当局と、経済的弊害を認定するために経済学を取り入れた法理論を想起させる（これはつまり米国のことであり、米国では「競争法」とは呼ばず「反トラスト法」という独自の名称が用いられているのであるが）。しかし他方で、国によっては、競争法というと一種の価格規制であったり、経済

的格差を減少させるための仕組みだと考えられていることさえある。それら
を統一する要素はほとんどないように見える。

④ 変化が速い

　競争法は変化が速く、そのことも競争法の基本的な考え方を理解するのを
難しくしている。例えば、米国反トラスト法を 1970 年と 1990 年とで比べる
と、急激に変化している。多様であった法目的が狭く絞られ、検討手法にお
いても、経済的な影響のみに注目すべきであるとされるようになった。その
ような変化があると、何が変わり、何が変わらず、何が米国反トラスト法の
基盤であるのかがわかりにくくなる。

⑤ 他の法分野との混同

　競争法は、他の法分野と混同されることも多い。例えば、多くの人は競争
法と不正競争防止法を混同している。不正競争防止法は、私法の一種であっ
て、不公正な競争行為から競争者を守ることを主な目的としている。このこ
とは、競争法が、市場原理の効果的な機能による公共善の増進を主な目的と
していることと対照的である。この区別は重要な違いをもたらすが、しかし、
特に、最近になって競争法を導入した法域においては、そのことが気づかれ
ていないことも多い。

⑥ 政治・イデオロギー

　政治的な方針や、特定のイデオロギーに固執した方針が、競争法のイメー
ジを歪めることがある。例えば、さほど遠くない過去の米国反トラスト法当
局の高官が、「反トラスト法」とか「競争法」などと呼べるのは経済分析に
立脚しているものだけだ、と主張したことがあった。すなわち、ある国の法
は、それが米国反トラスト法のモデルに従っている場合に限って、「反トラ
スト法」とか「競争法」などと呼んでよい、と述べたのである。米国以外の
多くの法域では、この主張は、政治的、もしくは、特定のイデオロギーに固
執した、または、その両方による主張であると受け止められた。

⑦ ありもしない誤った情報

　ありもしない神話がまかり通っているために競争法がわかりにくくなって
いる、という面もある。例えば、しばしば繰り返される主張として、競争法
は米国の「発明」であって他の全ての法域の競争法は米国法に由来する、と
いうものがある。そのような主張は、米国モデルが「正しい」競争法であっ
て、米国モデルのとおりにしないのであれば、それは、米国モデルを理解せ

ずイデオロギーを共有しないことに基づく「誤り」である、という考え方に結びつく。私は、他の論者とともに、この神話がいかに間違っており誤解をもたらすものであるかを論じてきた。しかし、この神話を肯定し有益な見方だとする者もいるので、神話は根強く残っている。本書で後に述べるように、欧州の競争法は米国の経験とは全く独立に発展したものであり、知的な根源、ものの考え方、どのような国家機関を中心に競争法を運用するか、といったことにおいて米国とは異なる独自のものを持っている。欧州の競争法の影響は強く、最近になって競争法を導入した法域では特にそうである。

⑧　公法と私法の中間

　最後に、判例法主義でなく制定法主義に基盤を置く伝統を持つ法域（すなわち、欧州大陸法モデルおよびそれに依拠するラテンアメリカ、アジア、アフリカの諸法域）においては、公法と私法が明確に区別されるために、競争法のイメージがわかりにくくなっている。特に欧州大陸においては、公法と私法の区別があるために、教育課程、国家機関の組立て、法的価値、用語、などの多くの面において、別々のものが成立するに至っている。しかし競争法は、公法と私法という両方の世界にまたがっている。公法も私法も、競争法は自分のものだ、と言う場合もあれば、競争法が自分の領域にあると都合が悪いと思う場合もある。公法として見た場合も、競争法は、政府が都合のいいように使える行政規制の一種であると受け止められることが多い。他方で、私法の場においては、競争法は、経済的自由と需要者厚生を守るための考え方と仕組みを提供するものであると受け止められることが多い。2つの見方がぶつかり合うこともよくある。

2　競争法はどのような問題に対処する法であるのか

　「競争法」や「反トラスト法」という言葉は、とにかく特定のタイプの法律を指すのであるから、私たちはそれがどのようなものを指しているのかを明らかにする必要がある。本書は、特定の法域だけでなく世界の多くの法域の競争法を対象とした書物であるから、特定の1つの国の競争法だけを見て概念を定義するのは適切ではない。特定の1つの法域だけで使われている言い回しや用語に依存するのも適切ではない。そのようなことをすると混乱を招くのであり、現にそのような混乱は起きてしまっている。そうではなく、

本書では、全ての、または、多くの法域において、「競争法」という言葉によってどのような機能が表現されているのか、すなわち、どのような問題の解決が目標とされているのか、を明らかにする。

　経済活動を政治的に支配するのでなく市場原理に頼って制御しようとする社会であるなら、どのような社会であっても、次のような基本的な問題に直面している。すなわち、個々の事業者が自由に競争すれば、市場はさらに効率的になり、社会に与える実質的な利益は増すのであるが、個々の事業者に自由を保障すると、事業者はその自由を、競争を制限したり社会的利益を損ねたりすることに使うこともできる、という問題である。競争法は、そのような制限行為と闘おうとするものである。社会的指導者にとって市場が大事であればあるほど、社会的指導者は市場を害するものを禁止しようとする。これらはいずれも、市場というものに必然的に内在する脆弱性に対する回答であると理解するのが最も的確である。国家自身が市場に介入することもあり得るが、それは全く異なる問題であり、本書の直接の対象ではない。

3　競争法の中核的定義

　本書は、「競争法」または「反トラスト法」という用語を、次のように定義する。すなわち、どのような事業分野であるかを問わず一般的に、競争的な事業活動を事業者が制限する行為をやめさせることを目的とする規範であって、法の範疇に属するものである。

　以上のような定義に現れるいくつかの言葉を、少し詳しく見ていこう。

①「どのような事業分野であるかを問わず一般的に」

　競争法は、「どのような事業分野であるかを問わず一般的に」適用されるものである。すなわち、競争法は、経済全体に対して適用可能であり、全ての市場に当てはまる枠組みを提供する（適用除外を受ける業種が常に若干は存在するとしても）。特定の市場（例えば電気通信）のみに関係する法は、そのような役割を担うものではない。

②「法の範疇に属する」

　「法の範疇に属する」とは、ここでは、政治的に権威を与えられた規範があり、かつ、その法執行をするための関係機関が配置されている、ということを意味する。

あるものが「法」であるか「政策」であるかは、常に明確であるわけではなく、それは、「競争法」と「競争政策」についても同様である。この 2 つの用語は、同じような意味であるとしてあちらを使ったりこちらを使ったりされる関係にあることも多い。しかし、やはり両者の間には重要な違いがある。競争に対する制限と闘うための規範を指すという点では同じであるが、そのような規範に対する見方が異なる。「法」というと、規範を解釈し適用するに際して確立した解釈方法を用い、規範の法執行を行ったり規範を改正したりする際には、確立した手続を用いる、というイメージがある。このように見ると、法的な規範とは、広い意味での規範のシステムにおいて、どちらかというと、安定した部分を指している。それに対して、同じ規範であっても、「政策」というと、とにかく政府が権限を持っている道具を指し、政府の思うがままに用いたり修正したりできるというイメージとなる。

③「制限する行為」

「制限する行為」とは、単独または複数の事業者が、いかなる方法をもってするかを問わず、ある市場における競争の程度を減少させる行為を指す。

④「競争」

「競争」とは、市場において活動する事業者が、市場において与えられた機会を、同じ市場に存在する他の事業者よりも効果的に活用して、利益を最大化しようとする過程を指す。

4　多様性をもたらす諸側面

実際の機能に着目した上記のような中核的な定義を念頭に置きつつ、以下では、世界の競争法に見られる様々な形態を簡単に見ておく。その多様性の具体的な内容は、後続の各章でさらにしっかりと論ずる。

① 法目的

どのような法目的を掲げるかによって、それぞれの法域の競争法の内容は異なってくる。いくつかの法域では狭く、技術的な法目的のみを掲げており、他のいくつかの法域では広く、政治的な法目的や社会的な法目的を掲げている。

② 違反基準の運用

ほとんどの法域の競争法は、規制対象行為として同じ行為類型（例えば、

反競争的な合意）を掲げているのであるが、しかし、それをどの程度まで実際に規制するかについては、法域によって差が見られる。いくつかの法域では、カルテル合意を活発に取り締まる一方で、単独の支配的企業の行為にはあまり注意を払わない。これに対し、他のいくつかの法域では、支配的な外国企業が力を行使することを懸念しているなどの理由で、垂直的制限行為の規制や大企業による単独行為の規制のほうに力を注ぐ。

③ 競争当局

全ての法域の競争法は、その規範を適用することを任務とする公的な法執行当局を少なくとも１つは持っている。そのような当局は、文書における説明を読んだだけではどこも同じに見えるかもしれない。しかし、その能力、目標、人的・財政的なリソース、政府や社会における地位、などの点において、それぞれの法域の当局は大きく異なる。いくつかの当局は、予算規模も大きく、政治的・経済的な関心による横槍を受けることも少ない。定められた目標を実現するために、よく訓練された職員が確立した手続に従って行動している。それに対して、他の多くの当局は、予算規模が小さく、政治的・経済的な関心による影響を受けることが多い。

④ 手続と検討手法

手続や検討手法も、法域ごとに大きく異なる。競争当局も裁判所も、競争法上の判断をするに際しては法的・経済的な方法を用いるが、それを具体的にどのような形で用いるかにおいて大きく異なる。さらに言えば、個別事例を調査し法執行を行う際の手続も、大きく異なっている。

以下の各章では、競争法を構成する諸要素をさらに詳しく見ていく。

第3章 —— 競争法の法目的と実際の運用

　法律の明文などで言語化された法目的は、競争法上の政策判断への案内となる場合もあるが、逆の場合もある。つまり、言語化された法目的を参照すれば、政策判断を理解したり予想したりするのに役立つこともあるが、逆に、誤解の原因になることもある。したがって、言語化された法目的に注意を払うのは重要であるが、それと同時に、言語化された法目的に対して、具体的な政策判断への影響力を持たせたり、逆にそれを無力化させたりしている諸要素を理解することも重要である。言語化された法目的と、実際に追求される法目的との間には、時に、驚くほどの違いがある。そのような違いを認識し、そのような違いをもたらしている諸要素を知っていることは、その法域の外にいるアウトサイダーにとっては特に重要なことである。なぜなら、そのようなアウトサイダーは、言語化された公式の法目的によって簡単に騙されるかもしれないからである。この章は、法目的を見ていくのであるが、言語化された法目的と言語化されていない法目的の両方を見ていくことになる。

1　言語化された法目的

　競争法について議論する際には、言語化された法目的に多くの注意が向けられることが多い。言語化された法目的が政策判断を導いているのだろうと思うのが普通だからである。競争当局が、競争法の法目的は過大な価格上昇から需要者を守ることであると述べたならば、この法目的は多分、その競争当局のその後の政策判断における考慮要素とされるであろう。しかし、競争当局が上記のように言っていることを信用する前に、その競争当局が実際にどのようなことをしているのかを注意深く観察することが重要である。その種の情報は、インターネットその他の公開された情報源から得られることも多い。しかし、多くの法域に当てはまることであるが、競争当局の活動について重要な経験をしたばかりである具体的な人から得られる情報のほうがさ

らに価値が高い。

　言語化された法目的がそのまま当局や裁判所などの関係機関の判断に繋がるのは、通常、次のような条件が満たされる場合である。(1) その関係機関が外部の影響力から保護されていること。(2) 競争法そのものが十分に発展し、その法目的を目指すべきことが広く理解され受け入れられていること。(3) 関係機関における判断権者個人が、その法目的の達成に取り組む意欲を持っていること。(4) その関係機関がその法目的を追求できるだけの政治的・財政的な支援を得ていること。これらの条件が満たされていないならば、その満たされていない分だけ、言語化された法目的が実際に追求されている可能性は低くなる。

　法目的は、将来の政策判断を予想するために重要であるだけでなく、別の、少しわかりにくい理由に照らしても、重要である。どのような理由かというと、法目的は、どのような議論や主張が受け入れられ効果を持ちやすいかを左右する、ということである。法目的には、それに適合する議論にお墨付きを与え、それに適合しない議論の説得力を減少させる、という力がある。例えば、もし、言語化された法目的が需要者の厚生であったならば、弁護士が、こうすれば需要者の厚生はいざ知らず民主主義の理念には合致する、と競争当局の担当者に対して主張しても、受け入れられる可能性は低い。

　言語化された法目的は、メッセージであると考えると有益である。そのように考えれば、問うべき質問に気づきやすくなるからである。「そのメッセージを発したのは誰ですか。誰に向けられたものですか。そのメッセージは特定の判断権者に対してどれほどの影響力を持ちそうですか。」といった質問である。これらの質問に対する答えは、その法システムのアウトサイダーにとって特に価値あるものである。なぜなら、その答えがわかれば、言語化された法目的が実際にどれほど意味を持っているかがわかるからである。インサイダーはそのような背景事情をよく知っているかもしれないが、アウトサイダーは気づいていない可能性がある。

　議会、裁判所、そして競争当局のいずれもが、法目的のメッセージを発している。

　議会は時に法目的を述べる。公式には、法律に書かれたメッセージはその法域の内部の関係機関に向けられている。すなわち、行政官僚や裁判所に対し、何をすべきかを伝える。法律に書かれたメッセージは、法域の内部の有

権者にも向けられている。例えば、支援者になってくれるかもしれない富裕層を満足させるためのものであるかもしれないし（「お金をたくさん持っている人たちへ。私はあなたたちのためにこんなことをしていますよ。」）、政治力を持つ強力な団体を満足させるためのものであるかもしれない。

　法目的に関する議会のメッセージは、外国の関係機関や企業に向けて、その国が市場経済や「法の支配」を重視していると「宣伝」するためのものであるかもしれない。その国で政権交代が最近起きた場合には、特にそのように言える。例えば、新興成長経済圏の法域の政府は、自由市場を支援する意欲があるというシグナルが発信されるような法目的を言語化することで、外国からの投資を引きつけたり外国の融資機関から貸付けなどの支援を得たりしたいと考えているかもしれない。

　以上のような文脈においては、言語化された法目的とは、宣伝文句のようなものであって、関係機関における判断権者が実際に行っていることを反映していない可能性があると考えたほうが、当たっている可能性がある。

　裁判所は、競争法を持つ多くの法域においては、法目的を言語化する権限が乏しい、または、皆無であり、現に、法目的を言語化することはほとんどない。しかし、裁判所が法目的の設定において大きな影響力を持っており、競争当局の判断権者もそれに従う、という法域もある。例えば米国では、法目的を述べる機関として裁判所が最も権威を持っている。とりわけ、米国連邦最高裁の判決理由は、その後の行政当局や各裁判所の判断において、法目的を示す最も重要な道案内となる。

　競争当局も、法目的を述べることがある。競争当局が述べる法目的には、裁判所がそれに従う必要はないという意味で「法的拘束力」はないことが多いが、競争当局が法執行を行う主要な主体であるのが通常であることを考えると、競争当局の今後の行動について競争当局が述べる内容は、競争当局の実際の行動を理解するために役立つことが多い。経験のある実務家は、競争当局が法目的として何を述べるかに注意を払っていることが多い。

　法目的を検討するための前提を、ここまで述べてきた。そのうえで早速、法目的そのものを見ていくこととしよう。言語化された法目的は「経済的目的」だけである、という法域もあるが、社会的・政治的影響力を競争法に期待している法域もある。

2　経済的な法目的論

　「競争法」における「競争」とは、経済的な競争を指す。したがって、そ
のような抽象的な次元においては、競争法の法目的は常に経済的な競争に関
係する。そのことは重要であるが、しかし、そのように述べただけでは、各
法域の競争法が追求する様々な法目的を十分に理解することはできない。そ
れらの様々な目的を見る前に、経済的な競争のいくつかの基本的な側面を確
認する必要がある。以下の記述は、基礎的な内容であるから、エコノミスト
や経験ある競争法関係者は読み飛ばしても構わないが、その他の多くの読者
にとっては、競争法の諸問題を理解するうえで読む価値があり、または、読
む必要がある[1]。

　競争は、市場において起こる。ここで言う意味の市場とは、煎じ詰めて言
えば、商品または役務を売ろうとする人たちと、買うかもしれない人たちと
が、出会って、商品役務と対価とを交換する場である。市場は、物理的であ
る場合もあれば（各地の食料品マーケット）、デジタルである場合もある（イン
ターネット上のもの）。市場において、供給者は、自らが売ろうとする商品や
役務を少しでも魅力的なものにしようとするインセンティブを持つ。例えば、
競争者より安い価格で売ったり、より良い商品役務を供給したり、というこ
とである。それぞれの需要者は、買いたいと思う商品役務に対する支払を少
しでも安くしようとするインセンティブを持つ。

　もし、この交換関係において強要などの歪曲がないならば、供給者と需要
者の双方は、それぞれにとって利益となる取引を自由に行っていると言える。
例えば、野菜の供給者は自らの野菜を合理的に期待できる最善の価格で売り、
野菜の需要者は、期待し得るうち最も安い価格で買う。野菜の供給者と需要
者はいずれも満足し、たぶん、幸福でさえある。さらに広い視野から言うと、
市場は、資源を、社会全体が最も求めているような用途に振り向ける（エコ

---

1)　市場の機能をさらに詳しく説明する書物等は、もちろん、多数ある。簡潔でわかりやすく、し
　かも競争法の問題にも関係する記述をしているものとして、Ernest Gellhorn, William Kovacic,
　and Stephen Calkins, *Competition Law and Economics* (5th ed., 2004) がある。市場と競争の経
　済学について、さらに深く、しかし依然としてわかりやすいと言えるものとして、Massimo
　Motta, *Competition Policy* (2004) と Keith N. Hylton, *Antitrust Law: Economic Theory and
　Common Law Evolution* (2003) がある。

ノミストはこのことを社会における「最有効使用」と呼ぶ)。もっとも、以下のことに留意すべきである。まず、ここにおいて「社会」という用語が何を指すかは常に明瞭であるというわけではない。グローバルな市場においては特にそうである。そして、市場において何が供給されるかに対しては、社会（この用語の定義は措くとして）において最も多くの資源を持つ者が、最も大きな影響を与える。

　需要と供給がこのように自由に作用するのを妨げると、市場の参加者の利益も社会の利益も減少する。

　もし、例えば、市場における野菜の価格を政府が規制して安く抑えたならば、供給者はもはや満足を得ることができない。需要者は暫くの間は安く買えるので幸せかもしれないが、長期的に見れば幸せではない。そのような価格規制をすると、生産者は野菜の生産への投資を減らし、または、投資をしなくなる、ということになる可能性が高い。そうなると、需要者の満足を低下させるだけでなく、社会全体として、お金を払ってもよいと考えていた量よりも少ない商品役務しか、得られないことになる。

　民間企業が私利私欲のために市場の機能を意図的に歪めるということもある。例えば、複数の野菜供給者が価格を引き上げようとする合意をしたとする。少なくとも短期的には、彼らは高い価格によって利益を得る。しかし、需要者は害される。そうすると社会は、同じ量の野菜が取引されるようにするためには、従来以上のコストを払うことになる。しかも、需要者は、野菜を買う量を減らし、野菜を買いたいという思いを満足させることができないことになる。そのようなことがあると市場がもたらす経済的利益を損ねることになるので、競争法は、このような有害な歪曲行為と闘うのである。

　経済的な法目的として登場し得るものは、3 つのグループに分けることができる。すなわち、経済システムの機能を重視する法目的論、結果を重視する法目的論、経済的自由を重視する法目的論、である。

2.1　経済システムの機能を重視する法目的論

　以下に掲げる法目的論は、経済システムの機能を維持し、改善することに焦点を当てたものである。

（a）市場構造を重視する法目的論

　システムの機能を改善する１つの方法は、構造を改善することである。その基本にあるのは、市場の「構造」が市場の機能を左右する、なぜなら、市場の構造が市場参加者の競争インセンティブの有無・内容を決めるからである、という考え方である。したがって、市場構造を改善すればシステムの機能も改善できる、ということになる。「構造」とは、ここでは基本的に、競争をしている複数の企業のそれぞれの市場シェアのことである。

　例として、次のような３つの類型の市場を考えてみてほしい。（1）市場における１社（独占者）には、競争者はおらず、価格を下げたり商品役務を改善したりするインセンティブが生ずるとすれば、新たな企業が市場に参入するのを防ごうという場合だけである。（2）市場には５社いるが、うち１社が市場シェア80％で、他はそれぞれ５％しかない。市場シェア５％の小さな競争者たちは、競争するインセンティブを持つ場合もあれば、市場から退出するインセンティブを持つ場合もあるが、とにかく、市場シェア80％の企業は、市場を支配しており、競争するインセンティブがほとんどないかもしれない。（3）市場には３社がおり、いずれも同じような市場シェアである。それぞれは、互いに競争する強いインセンティブを持っている。以上の３類型のいずれにおいても、市場の構造が競争の状況を決定している。

　このような見方を重視する法目的論においては、競争法は、市場構造を悪化させるような行為をやめさせるよう努めるべきである、ということになる。例えば、市場における上位２社が企業結合をすると、市場構造が変化し、企業結合後の会社の経済力が高まり、他の会社が市場で競争するインセンティブを減らすことになる。その結果、そのような企業結合は競争を害するので、正当化理由がない限り、禁止されるべきこととなる。競争に対するこのような見方は、構造（structure）・行為（conduct）・結果（performance）の頭文字を並べて SCP モデルと呼ばれることが多く、第二次世界大戦後の長い間、エコノミストの間で主流であった。

　この、いわゆる「ハーバード学派」の考え方は、1950 年代と 1960 年代に米国反トラスト法に浸透し、すぐにドイツに、そして EU *) に、広まった。いくつかの法域の競争法は今でも市場構造分析に依拠している。その理由の１つは、この考え方が、経済学について高度の訓練をしなくとも、比較的理解しやすく、実用に供しやすいからである。

（b）経済的効率性を重視する法目的論

　多くのエコノミストは次第に、市場構造分析が競争法の中核を担うのはおかしいのではないかと思うようになった。彼らも、市場構造が競争に影響することそれ自体は一般論として認めている。しかし、競争法上の政策判断を支える道具として信頼するには切れ味が悪すぎると考えている。彼らは、競争に対する弊害があるかどうかは、市場の構造に着目して決めるのでなく、市場の動態、つまり、市場がどのようにして機能するかに着目して決めるべきであると考える。この考え方は、市場における「効率性」に注目し、市場が資源を「最有効使用」に振り向ける能力に注目する。これによって、競争法上の問題とされた具体的な行為が特定の状況において持つ影響を捉えて計測するための、より科学的で正確な手段を提供し、市場構造に注目した検討手法に頼りすぎることを回避する。市場構造に注目した検討手法は、特定の状況においては弊害をもたらすがその他の状況においては弊害をもたらさない、というような行為類型を一律に問題としてしまう可能性がある。それに対し、経済的効率性に着目する考え方を使えば、競争当局や裁判官は、彼らの政策判断をさらに厳密で一貫した方法によって根拠づけることができる。

　この考え方において、競争上の弊害の有無を判定するための中心的基準は、問題の行為が市場価格を競争的価格よりも高い水準に引き上げたかどうか（または将来において引き上げるかどうか）である。価格を人為的に引き上げると、市場が発するシグナルを歪め、社会が最も価値を認める用途ではない方向に資源を振り向けることになる。この考え方は、経済学の「シカゴ学派」と関係していることが多いが、米国反トラスト法においては 1970 年代から頭角を現し、すぐに競争法における主流的な考え方となった。1990 年代以降は欧州において徐々に影響力を持ち、最近ではそれ以外の地域でも影響力を持っている。

　しかし、以上のような考え方は、第 12 章で述べるように、「ビッグデータ」の力（つまり、Amazon や Google など）に対する懸念が生じている現代に

＊）　EU やその関係機関などを語る場合、それらの前身をも現在の名称で表現することは、よく行われる。ここで著者はその用法に依拠しており、本書もそれにならう。厳密な意味で EU（欧州連合）が誕生したのは 1993 年にマーストリヒト条約が効力を生じた時であり、競争法が EU の枠組みのなかに位置づけられたのは 2009 年にリスボン条約が効力を生じた時である。

おいては、競争法のいくつかの分野で、その有効性について疑問が生じている。

(c) 需要者厚生を重視する法目的論

　経済的効率性と関連するがさらに広い「需要者厚生（consumer welfare）*）」というものが多くの法域の競争法においてますます人気となっている。経済的効率性を法目的とする、と述べるよりも、理解しやすく、政治的にも効果が大きい。法目的として需要者厚生を掲げることの最大の機能は、政治的・社会的な法目的を競争法的な思考から除外し、生産者側への影響は多くの場合は分析において考慮されないことを明らかにすることにある。もっとも、需要者厚生を重視する法目的論は、経済的効率性を重視する法目的論と密接に関連している。なぜなら、需要者厚生を重視する考え方の中核には、効率性が大きければ大きいほど、持続可能な範囲内で価格が最小化され需要者に利益がある、という考え方があるからである。しかし、需要者厚生という概念は、需要者の被害のうち異なるタイプのものも含み得る。一人一人が皆、消費者であるから、"consumer welfare" という名称は政治的には魅力的である。

　「需要者厚生」という言葉は、様々な意味で用いられるので、誰がどのようにしてこの言葉を用いているのかを確認することが重要である。エコノミストにとっては、上記のような技術的な意味のものとなるが、エコノミストでない者の間では、単に需要者にとっての利益を指す漠然とした言葉として広い意味で用いられることが多い。

　経済システムの機能を重視する法目的論は、以上のように 3 種類のものが

---

*）　英語の "consumer" という語は、特に EU において、日本語で言う「消費者」という意味を超えて、企業が何かを買う場面における当該企業をも、指す言葉として使われる場合がある。例えば、EU の企業結合規則（Council Regulation (EC) No 139/2004 of 20 January 2004 on the control of concentrations between undertakings）の 2 条 1 項（b）は、「中間的な consumers や最終的な consumers の利益」（the interests of the intermediate and ultimate consumers）という表現を用いている。後者は最終消費者であるが、前者は、企業と消費者との中間に位置する別の企業であろう。例えば、EU の企業結合規制の大きな影響を受けて策定されたと考えられる日本の公正取引委員会のガイドラインでも、"consumer welfare" の訳語と考えられるものとして「需要者の厚生」という表現を用いている（公正取引委員会「企業結合審査に関する独占禁止法の運用指針」（平成 16 年 5 月 31 日）第 4 の 2（7））。

あるが、実は、共通して、非常に価値の高い特徴を持っている。それは、提示された法目的に向かう行程を一定の正確性をもって確認できる、ということである。エコノミストは、特定の行為はどのような条件で弊害をもたらすのかを研究してきており、また、行為が弊害をもたらしたかどうかを判断するための手法を開発してきている。そもそも、科学というものは、判断をする根拠を言語化することを求める。それによって、その判断手法それ自体が健全なものと言えるか、そしてそのような判断手法が適切に運用されているか、ということを、第三者が、検証することができる。付け加えると、そのような手法は量的な基準を用いるので、行為がもたらす影響を計測しやすくなる。そのような手法を用いれば、競争法は、行為が特定の弊害をもたらしているかどうか、もたらしているとすればどの程度か、ということを判断できるようになる。これにより、法目的への行程が可視化され、その手法に照らして適切な政策判断が行われるよう求められることになる。

　具体例で説明するとわかりやすいであろう。A 社、B 社、C 社の 3 社が、LED ディスプレイを製造するのに用いられる特定の鉱物について、市場の20％ずつを占めているとしよう。3 社は、3 社の合計生産数量が従来の数量と比べて 5％減少するようにするという合意をした。そのように供給数量を減らせば、その鉱物の市場価格を高め、利益が増加すると信じてのことである。経済学は、この行為によって望みどおりに価格が競争価格よりも高い水準へと上昇し、それによって需要者を害し市場の機能を歪曲するかどうかを、一定の正確性をもって検証することができる。競争当局がこのような判断を採用したならば、そこで用いられる検討手法は公表され、外部の者は、競争当局の判断がその検討手法を適切に用いたものでない場合には批判することができる。この点は、後述の、結果を重視する法目的論と比べると明確に対照的である。結果を重視する法目的論においては、特定の行為が結果に至る行程がわかりにくく不明瞭である。

　経済システムの機能を重視する法目的論は、発展を遂げて経済的に豊かとなっている法域の競争法において優位に立っており、また、他の多くの法域においてもさらに魅力を増している。なぜか。第 1 に、この法目的論は法目的を限定しており、確立した経済的理由づけに依拠していることが多いので、これに基づいて行った政策判断は、法的にも政治的にも、反論に対する再反論をしやすい。第 2 に、市場の機能を改善すると公約することにより、これ

らの法目的論は市場からの影響を受ける全ての者に利益をもたらすことになり、その結果として、広い支持を得やすい。

2.2　結果を重視する法目的論

　法目的論においては、競争そのものの保護ではなく、競争法がもたらすと考えられる結果が重視されることも多い。例えば、低い価格、さらなる経済発展、経済的格差の減少、といったものである（もちろん、システムがどう動くかに応じてシステムが生み出す結果は変わる）。ともあれ、結果そのものに注目すると、競争法の見え方が変わってくる。前述したように、結果に注目しても、競争法上の政策判断に至る道のりが明確に見えてくることはない。経済的な結果には、競争法だけでなく、多くの要素がかかわっているからである。したがって、結果に注目する法目的論は、判断権者に対し、目的とする結果を得るために必要な要素は何と何であるのかを決める裁量権を与えることになる。このため、予測可能性は減少し、法執行は政治的に行うのではなく法的に行われるべきであるという考え方が損なわれることになる。

　結果を重視する法目的論は、いくつかの理由で、判断権者にとって魅力的である。第 1 に、理解しやすい。例えば、価格を下げる、ということの意味は誰にでもわかる。第 2 に、結果を重視する法目的論は、価格水準のように、広く人気のある問題関心に訴えかけるものがある。第 3 に、結果を重視する法目的論は広範で一般的であることが多いので、様々な政治的文脈で利用しやすい。そして第 4 に、当局関係者や裁判官が競争法や経済学を少し勉強しただけで運用できる。消費者として私たちは皆、安い価格を望んでいるから、価格を下げるという結果を得ることを目標とするのは特に人気がある。もし、政府が、競争法があれば価格を下げることができる、と説明したならば、競争法があれば効率性が大きくなると説明するよりも、政治的支持を集めやすいであろう。効率性が大きくなると述べても、抽象的であって多くの人は理解せず関心も示さないからである。

　既に発展を遂げ、政治的な支援も十分に受けた競争法を持つ法域、とりわけ民主主義が機能している法域では、結果を重視する法目的論はさほど採用されていない。それは主に 2 つの理由による。第 1 は、明らかな理由であり、競争法が確立した法域においては特に、新興で競争法が未発達の法域と比べて、大衆の人気を追い求める必要性が小さいからである。第 2 の理由は、そ

れほどわかりやすくはない理由であるが、競争法が発展を遂げて政治的支援
もある法域は、権威主義的であって政治的に不安定な法域と比べると、一貫
した考え方に基づいて法律を運用し、合理的に説明できる理由によって政策
判断を根拠づけたいというインセンティブを強く持っている、ということで
ある。

　価格を下げるという結果を重視する法目的論を例に取ると、以上のことが
わかりやすくなる。価格に影響を与える多くの要素のうち、競争制限の結果
としてもたらされたのはどれであるか、判断権者はどうして知ることができ
ようか。いくつかの要素は大自然がもたらしたものであり（例えば穀物の不
作）、いくつかのものは政治的なものであったり（例えば政府の介入）、社会的
なものであったりする（例えば食料暴動）。このように、市場における供給と
需要に関するいかなる変化であっても、価格の変動をもたらす。したがって、
どの要素が価格の上昇を導いたかを明らかにすることは困難または不可能で
ある。他の要素ではなく特定の行為が価格上昇をもたらしているなどと、競
争法が自信を持って断定することができようか。ある行為が有害かどうかを
判断するための確固たる基盤がなければ、競争法の判断権者は大きな不確実
性に直面し、また、腐敗のリスクを容易に高めることになる。

　価格を下げることを競争法の法目的とすることの欠点をもう 1 つ挙げるな
らば、そのような法目的は、競争法と価格規制との区別を曖昧にする傾向が
あるということである。いくつかの法域（特に新たに競争法を導入した法域）
の当局担当者が、競争法を適用して価格を下げた、と話すのに接して、よく
尋ねてみると、単に彼らが価格引下げを要請したというだけだった、という
ことは日常茶飯事である。これは、官僚的な価格規制であり、競争法ではな
い。競争法の中核的な考え方は、競争制限行為と闘う、ということなのであ
って、単に価格を下げるよう命令する価格規制とは異なる。この区別は、特
に競争法を新たに導入した法域では理解されにくいが、しかし根本的な点で
ある。競争法を新たに導入した法域では競争法の当局関係者が価格規制当局
の出身であることが多いことに注意すべきである（2008 年から競争法を施行し
た中国がその例である）。

2.3　経済的自由を重視する法目的論

　経済的自由を重視する法目的論は、自由を価値あるものとする政治的・感

情的な思いを、経済的自由が競争の真髄であって競争が機能するためには経済的自由が必要だとする主張に繋げるものである。このような考え方は、かつて極めて大きな影響力を持つことがあったし、いくつかの法域では現在でも影響力を持っている。米国では、経済学的な見方が革命的に有力となった1970 年代より前のいくつかの時期においては優勢であったし、欧州における競争法の興隆においても影響力を持った。米国・欧州のいずれの文脈においても、経済的自由を重視する法目的論は、深い文化的土壌と自由そのものへの愛着によって支えられている。しかし、この法目的論は、これだけでは抽象的すぎるので、競争法上の政策判断の根拠とするのは困難である。「自由をどれだけ保障すべきか」とか「何からの自由か」といった問題に確実に答えるのは難しい。しかしながら、いくつかの文脈において、この法目的論は、競争法に対して政治的に魅力的な支援をもたらすものとなっている。

3　社会的・政治的価値を重視する法目的論

いくつかの法目的論が掲げる法目的は、経済的というよりも社会的・政治的である。競争法を持つ法域のほとんどは、その発展の過程において、公正、機会均等、民主主義、といった法目的に彩られた時期を持つ。1970 年代より前の米国反トラスト法は、これらの法目的をしばしば強調した。欧州でも、これらの法目的は優勢であることが多く、特にドイツの社会的市場経済の文脈においてはそうである。競争法があまり知られておらず広く受け入れられているわけではない新興成長経済圏の法域においては、これらの法目的が強調される。これらを重視する法目的論は、政治的支援を集めやすく、どちらかというと分析に手間がかからず、経済学に関する広い知識がなくとも運用できるからである。

3.1　公正を重視する法目的論——特に広く政治的魅力を持つ

公正を重視する法目的論には 2 つの異なる形態がある。

「競争者にとっての公正」という考え方は、競争者と競争者との間の関係に着目する。例えば、ある企業が他の企業よりも有利な立場にある原因が、その企業が政治的なコネを持っているということであったり、企業の大きさに物を言わせてその企業の競争者から買わないことを購入者に押し付けてい

るということであったりする場合には、その行為は不公正であるとされやすい。競争上の公正を確保すると約束すると、力のある企業、特に外国企業に対して恐れや妬みを抱いている企業の間で支持を得やすい。競争上の公正を重視する法目的論は、中小企業の経済的機会を高めるというような他の社会的・政治的な法目的論と結びついていることも多い。

　それに対し、「需要者にとっての公正」という考え方は根本的に異なる。この法目的論は、経済的に力のある企業によって起こされる損害、特にその力によって価格を引き上げることによる損害から需要者を保護する。この法目的論は、特に、低所得国や、市場価格が高騰しやすかったり外国の利益によって操作されたりしているような国では、政治的に魅力的である。

3.2　力の分散を重視する法目的論——誰もが対等に競争できる場の確保

　経済的な力の分散という法目的論と小さな企業の経済的機会を改善するという法目的論は、しばしば一括して主張される。大企業に支配され最小限の競争しかない市場では、所得格差が増大し、社会的流動性が減少しており、民主主義が脅かされる可能性もある。したがって、一部の者にとって競争法は、力を分散させ上記の弊害に立ち向かうことのできる道具となり得るし、また、そうあるべきだ、ということになる。そのような懸念は 1890 年に米国で反トラスト法が制定された際の中心的関心事項であり、1970 年代までの時期には重要であり続けた。欧州では、力の分散や経済的機会の確保が現在でも一定の文脈において考慮要素とされる。格差が存在すると欧州統合の過程を脅かす、という懸念と結びつくからである。力の分散や経済的機会の確保という法目的論は、ラテンアメリカの法域において顕著である。社会的正義が、強い政治的支持の対象となるからである。しかし、この法目的論は社会全体への影響に注目するものであるので、具体的な行為に対して一貫した法運用をすることを難しくする。

　経済的な法目的論と、社会的・政治的な価値を重視する非経済的な法目的論は、多様な形で混合し得る。それらの状況を理解すれば、政策判断や議論や主張を読み解きやすくなることが多い。競争法がしっかりと確立し、どのような利益をもたらすのかを適切に言語化できるようになった法域においては、経済的な法目的論が好まれ、非経済的な法目的論は重要性を失う傾向に

ある。しかし、非経済的な法目的論は政治的支持を集めるには価値が高く、どの法域においても永遠かつ完全に消え去ることはなさそうである。

4　言語化されていない法目的

　競争法を持つ多くの法域、特に新興成長経済圏の国や権威主義的な国では、関係機関や関係者が、言語化されていない法目的、あるいは、自覚されてさえいないような法目的を、追求することがよくある。そのような法目的論の影響を把握するのは難しいことが多く、特にその法域のシステムのアウトサイダーにとっては難しい。しかし、言語化されていない法目的を知り、そのような法目的を追求する原因となるインセンティブがどのようなものであるのかを知ることは、極めて有益である。具体的には第4章で見ていくので、ここでは、言語化されていない法目的と言語化された法目的との間の関係について述べる。言語化されていない法目的は、競争法に関する文献において言及されることは少ないが、インサイダーにはよく知られていることが多い。

　腐敗、すなわち、当局の職員に金銭を渡してその政策判断に影響を与えようとする状況は、特に有害である。それは、多くの法域の競争法にとって災難とも言うべき事態であり、競争法を効果的に運用しようとする当局関係者の仕事を蝕み、当局の職員の活動に対する人々の信頼を毀損する。腐敗は、当局の職員の給与が低い国では特によくあることであり、そのような国は、競争法に対する懐疑の念が強い国でもある。腐敗を促進するような要素としてどのようなものがあり得るかをアウトサイダーが理解していれば、特定の法域について調べる場合に腐敗の存否や程度を把握する必要があるとき、それに気づくことができる（第4章を参照）。

　時には、政府自身が、言語化されていない法目的を持ち込むことがある。例えば、ハイテク企業を競争から守ることが政府の一般的な政策であるならば、競争法もそれに資するように使うかもしれない。そのような政府は、競争法をそのような保護主義的目的に使っていると認めることはほとんどないが、直近のいくつかの競争法上の政策判断の傾向を観察すれば、そのような法目的の影響が観察されることはよくある。このような見方をすれば、公式の法目的の文言だけに頼るよりも、政策判断を理解するための適切な基盤を構築できる。そのような情報やアドバイスを提供する有益な情報源となって

くれるような弁護士その他の関係者を見つけておくことも、政策判断を理解する助けとなる。

　国際的な交流によって、判断権者が言語化されていない目的に傾くようになる場合もある。例えば、競争当局や当局職員には、競争法のグローバルネットワークにおける地位や名声を得ようとするインセンティブがある。そうすると、そのような当局職員は、その政策判断や主張を、交流の場に来ている豊かで力のある法域の考え方に合わせようとする。まず、そうすることによって、その当局職員にも影響力が生じ、その提案や要望が他の競争当局に受け入れられる可能性が高まる。また、そうすることによって、その競争当局が政府のなかで予算その他の支援を得る力を増すことにもなるかもしれない。

　最後に、イデオロギーが、言語化されていない目的を生むことがある。特定のイデオロギーを反映し支持した政策判断をすると、そのグループの一員であるという帰属意識を高め、同様のイデオロギーを持つ人々からの支援がもたらされる。イデオロギーは個々の担当官に影響を与えることもあるが、競争当局や官僚集団の全体に影響を与えることもある。

　競争法の法目的論は、競争法上の政策判断の前提条件となるだけでなく、政策判断がどのように議論されどのように根拠づけられるかの前提条件ともなる。この章では、主要な法目的論を概観し、政府がそれを利用する状況を見てきた。次の章では、法目的論がどのように個別の政策判断に繋がっていくのかを確認する。

第**4**章 —— 関係機関と判断手法

　関係機関と手続と判断手法が、法目的と実際の政策判断とを結ぶ道のりを形作る。そこでは様々なことが起こる。この章では、この道のりを明らかにする。政策判断をするのは誰か。彼らはどのようなインセンティブを持っており、どのような影響力を持っているのか。彼らはそれぞれの目的ごとにどのような手法を用いるのか。公式の政策判断と非公式の政策判断の両方に光を当て、それらに何が影響を与えているのかを探る。

　政策判断に至る過程には、様々な緊張関係が存在する。競争法の法目的は、強力な経済的・政治的な利害関係と衝突することが多い。衝突は関係機関の内部でも起こる。競争法は、利益を追求する企業に制約を課すので、企業は競争法を避けようとしたり闘おうとしたりする。競争法に関係する政策判断の背後には常に、このような摩擦が存在する。

1　議　会

　まず誰かが競争法を作らなければ、競争法は存在し得ない。「自然に」立ち現れたりはしない。現代社会は物権法と契約法を必要としており（何かルールがないと困るからである）、これらの法は習慣や合意のなかから自然に立ち現れる。したがって、全ての社会は物権法と契約法を持っている。それとは異なり、競争法は政府が作る必要がある。立法する、という方法もあれば、反競争的な行為に対して行動を取るよう立法とは別の方法によって関係機関に権限を与える、という方法もある。競争法は、このように何もないところに人為的に作られたものであることが多いため、判断権者が解釈し適用しようとする場合に頼るべき基準がほとんどない。その結果、判断権者らは、他の法域の状況を見ながらそれに合わせて解釈・適用をしていくことになる場合が多い。

1.1　行動を促すメッセージ

　議会が作る法律や規範は、これを「行動を促すメッセージ」であると考えて観察すると、有益であることが多い（前の章で見た、この法目的に注目せよというメッセージと対照的である）。そうすれば、次の 2 つのチェックポイントがあることがわかる。「議会はこのメッセージを誰に対して送っているのか」と、「そしてそれはなぜか」とである。これが、複雑なものを理解し、余計なものに惑わされず本質に注目する、という本書の戦略である。

（a）自らの法域の関係機関に対するメッセージ

　公式には、競争法の法典は自らの法域の関係機関に向けられている。競争法は、特定の類型の行為に対して所定の手続で行動する権限を関係機関に与える。競争法は通常、違反した場合の制裁についても規定している。競争法は、政府による規制権限を与えるに際し、対象となる行為を漠然としか定義しない場合もあるかもしれない。例えば、米国反トラスト法における違反要件の主な規定は、1890 年の法典（シャーマン法）の 2 つの極めて抽象的な条文を基本としている。シャーマン法 1 条は、「取引制限」であると言えるような合意を禁止する。シャーマン法 2 条は、「独占行為」を禁止する。第 8 章で見るように、米国では 1890 年より後にいくつかの規定が追加されているが、シャーマン法の 2 つの極めて簡潔な条文の解釈が、米国反トラスト法の違反要件論のほとんどを生み出している[1]。それとは対照的に、米国以外の多くの法域の競争法は、どのような行為がどのような制裁に繋がるかを遥かに詳細に規定していることが多い。

　当局や裁判所などの関係機関の判断に法典がどのような影響を与えるかは、多くの要素によって決まる。それらの要素には、その関係機関が政治的・経済的な影響から独立であるかどうか、その関係機関のリソース、その関係機関の仕事を取り巻く政治的前提状況、などが含まれる。これらについては、後述する。

---

1)　Sherman Antitrust Act, ch. 647, 26 Stat. 209 (codified as amended at 15 USC §§ 1-7) (2018).

(b) 企業に対するメッセージ

　議会のメッセージは、競争法に違反するかもしれない企業に対しても向けられている。「X という行為をしたら、貴社にはこのようなことが起こります」。メッセージの主な相手方（名宛人）は域内企業であるが、グローバル化した経済においては、名宛人には域外企業を含むことも多い。例えば、中国が競争法を 2007 年に制定した際、中国政府は明らかに、域外企業に対するメッセージとすることを意識していた。つまり、中国市場は世界の他の主要な市場と同様のルールを守るので投資しても安全である、ということを知らせようとしたのである[2]。

(c) 自らの法域の利害関係者に対するメッセージ

　議会は、競争法を制定することで、有権者や、経済的・政治的に力のある利害関係者の支援を集めることができる。

(d) 法域の外の関係機関に対するメッセージ

　競争法は、国際機関や他の法域の政府に対し、自らの法域の政府が自由市場と法の支配を大事にしていることを証明しようとして、制定されることがある。

1.2　競争法の法典の特徴——競争法の具体的な作用を知る手がかり

　各法域の競争法典は、長さや構造や文体において大きく異なっており、これらの特徴を見れば、その法域のシステムがどのように機能するのかに関する価値ある知見を得ることができる場合が多い。それらの特徴のなかに何を見出せばよいかを知るだけで、その法典が果たす役割について多くのことを知ることができる場合がある。

　法典の長さや文体は、様々なことを明らかにする場合が多い。短く簡潔で、法執行に携わる関係機関が競争法を運用するに際して自由に判断できる余地を与えている法典もある。このような法典は、判断権限を行使する当局・裁判所の地位を高めることになる。例えば、既に見たように、米国反トラスト

---

2)　Anti-Monopoly Law of the People's Republic of China (promulgated by the Standing Comm. Nat'l People's Cong., August 30, 2007, effective August 1, 2008) CLI.1.96789 (EN) (Lawinfochina).

法の基本的な法典は、特に例外的に、短く、抽象的である（第 8 章を参照）。これにより、連邦裁判所が、反トラスト法システムの中心に置かれることになる。連邦裁判所が、法典の持つ意味について最終的で先例拘束性のある判断をする権限を持つことになるからである。それに対し、法典が事細かく具体的に書かれている法域では、それを解釈し適用する関係機関は、自由に判断できる領域が狭く、一般に力は弱い。

　法典の構造も、同じような手がかりを与える。極めてよく整理され、個々の部分がきちんと繋がっている競争法を持つ法域もある[3]。このような場合は、主張や議論は、その整理された構造と用語によって言語化したうえで提示されることが求められる。それに対し、それほど整理されていない法典を持つ法域では、様々な形態の主張や議論が行われる。

1.3　違反に対する法執行

　法典が規定する法的措置の内容は、企業の行為に対する法典の影響力を決するうえで重要であることが多い。法域によっては、競争法が、競争当局に対し、企業の意思決定に介入する権限を与えているだけである場合もある。他方で、法域によっては、競争法が、特定の違反行為に対し高額の罰金・課徴金を規定している場合もある。ある状況においてどのような法的措置が可能であるとされているかを知り、その法的措置の権限が誰にあり、実際に誰がその権限を行使しているのかを知ることは、とても有益である。

　広く見られる法的措置として、以下のようなものがある。

（a）契約無効

　競争法の法典には、その規定に違反する契約が、無効であり、裁判所でその契約を根拠とした主張をしても認められない、と宣言するものが多い。競争法違反行為は、契約条項のなかに組み込まれていることが多い。そのような契約条項を根拠とした相手方への請求を裁判所で認めてもらえなくなるかもしれない、と知れば、契約当事者にとって、そのような内容の契約条項を盛り込む価値は下がるであろう。例えば、カルテルをしようという合意は、それを守らない特定のカルテル参加者に対して裁判所で主張しても認められ

---

3)　Federal Republic of Germany, Act Against Restraints on Competition ch. I-2, as amended by Article 10(9) of the Act of October 30, 2017.

ないとわかれば、他の参加者にとっての魅力が通常は低下することになる。

（b）罰金・課徴金

多くの競争法典は、競争当局または裁判所に、違反行為に対し特定の条件のもとで罰金・課徴金の納付を命ずる権限を認めている。罰金・課徴金の額の上限が定められているのが普通である。

（c）行政介入

競争当局に対し、違反の可能性のある行為について情報を取得したり、行為の取りやめについて違反者と交渉したりする権限のみを、競争法によって与えている法域もある。

（d）私的当事者による法執行

最後に、議会が、私的当事者に対し、違反行為によって生じた損害の賠償を違反者に対して求めることを可能としている場合がある。そのなかには、競争当局が命令等をした場合に限って、私的当事者はそのような請求をすることができると定めている法域がある。他方で、行政的な命令等がなくとも私的当事者が裁判所で訴えを提起できることとしている法域もある。この点についてはさらに詳しく後述する。

1.4　法改正

法改正がどれほどの頻度で行われどれほど変わるかという点も、その法域の競争法の変動可能性を知る手がかりとなる。関係する規定を頻繁に改正し、競争法において積極的な役割を担う議会を持つ法域もある。このような場合は通常、議会と競争当局との連携がもたらされ、議会の影響力は大きくなることが多い。しかし同時に、ロビイストの関心を集めることにもなる。他方で、法改正が稀であり、議会がその法システムにおいて最小限の役割しか担わない法域もある。

1.5　議会が個別事件の法執行に直接の影響を及ぼす場合

議会は、競争当局に対する影響力を行使することによって、一般的にでなく、個別の事件の法執行に影響を与える場合もあるかもしれない。議会は、

競争当局の予算を決める権限を持つことが多い。議員のなかには、この予算決定権限を利用して、その議員による庇護を受けた企業の行為に対して競争法の法執行をしないよう競争当局の「自制を求める」者がいる場合がある。「もしこの企業結合計画にストップをかけたら、来年の予算は削るからな」ということである。議会は、競争当局の人事に影響を与える権限を持っている場合もある。

　以上のような要素があるので、議会がその法域の競争法においてどのような役割を担っているのかを注意深く見ることが必要である。

2　競争当局

　競争当局は、競争法の法目的を具体的に実現することを任務とする。競争当局は、全ての法域の競争法において中心的な役割を担う。法執行における判断のほとんどを競争当局が行うから、というのがその主な理由である。その法域の競争当局を知ることと、表向きの条文等を知ることとを比べると、控えめに言っても、同じくらい重要である。実際には、遥かに重要であることが多い。

2.1　役　割

　競争当局は多くの役割を果たす。そして、競争当局がそれらの役割をどのように考えていて現にどのように実行しているのか、という点には、法域によって大きな違いがある。このため、競争当局と接する際に誤解をしたり、誤った予測を立ててしまったりすることは多い。ある特定の競争当局に詳しい弁護士は、他の競争当局も多かれ少なかれ同じように動くはずだと決めてかかることが多い。これは、危険な思い込みである。

　それぞれの競争当局ごとに文化は異なる。文化とは、その競争当局の役割や当局関係者の行動に関して、どのような基本的考え方をとり、どのような優先順位をつけ、どのような価値を置くか、といったことについて構成員の間で共有されている相場観のことである。例えば、競争当局のなかには、競争法の法執行においてどれだけ「厳しくて妥協がない」かに力を注ぐものもある。しかし、他方で、競争法について経済界を教育することや経済界のリ

ーダーと交渉して行動を変えさせることに力を入れる競争当局もある。後者
の特徴は特に、政治的な後ろ盾が不確かな新興の法域の競争当局に共通して
いる。

（a）判断の基盤

　競争当局は、制定された法律に対して、内容や、定義や、詳細を加える。
その役割の一定範囲は裁判所も担うが、中心的には競争当局が担うことが多
い。競争当局の決定や政策提言は、実務家や実務家の顧客である企業がビジ
ネス判断をする際の基盤としての役割を果たす。

　EU の欧州委員会競争総局のように大きく資金的にも余裕のある競争当局
は、多数の規則やガイドラインを策定して、企業やその弁護士に指針を与え
ることが多い。そういった競争当局は、自身の過去の活動内容に関する広範
で利用しやすい情報の提供も行うのが通常である。

　小さい新興の競争当局は、そういったガイドラインを策定することが相対
的に少なく、過去の実務や決定についての詳細な記録も残していないことが
多い。このため、小さい新興の競争当局の行動を予測することはアウトサイ
ダーには難しく、そのような法域の競争法に違反するかどうかを検討する企
業や弁護士にとっては「インサイダー」との繋がりを持っていることの価値
が高まることになる。

（b）市場データの収集

　法目的を効果的に実現するには、競争当局が市場の状況や価格の動向につ
いてのデータを収集し整理し分析するのが理想である。特に、競争法ができ
たばかりで、市場の状況に関する競争当局の知識が限定されているような場
合には、そのように言える。例えば、2015 年から競争法を動かし始めた
COMESA（東南部アフリカ市場共同体）では、しばしば、データ収集の重要性
を強調している[4]。他方で、競争法が十分に発展している EU でも、データ
収集はコンプライアンスのための中心的な存在である。行為の評価において
経済分析に依拠する法域においては、豊富で正確なデータは特に必要とされ
る。しかし、洗練されたデータ収集・分析をするには、多額の費用がかかり、

4）　COMESA, 'Statistics' (*COMESA*) 〈https://www.comesa.int/statistics-unit/〉 accessed Octo-
ber 14, 2019.

資金の少ない競争当局にはそれだけの力がないことが多い。

（c）経済界への啓蒙

　企業の判断権者が競争法の規定とその意味を理解していなければ、企業が競争法を守ることはできない。そこで多くの競争当局は、企業に対し競争法の啓蒙をすることに大きな力を注いでいる。このような努力は、欧州における競争法の発展において中心的な役割を果たしたし、新興成長経済圏の法域においては現在でもそのように言える。他方で、米国のように、企業は少なくとも競争法の基本的な内容は知っているということを前提として、競争法の啓蒙にあまり力を入れていない法域もある。

（d）協力と交渉

　対話と交渉は、企業に競争法を守らせる手段として、正式の事件という形で立件したり訴訟を提起したりする場合より安価であるのが通常である。したがって、対話と交渉は、小さくて資金の少ない競争当局には特に好まれる。

（e）政府内での普及

　自らの法域の政府それ自体の内部で競争に対する理解を促進することも、多くの競争当局にとっての重要な仕事である。他の官庁の政策判断のうち競争を害する可能性のあるものについて、競争当局が、意見を述べたり、遅らせたり、場合によっては差し止めたりする権利を与えられている法域もある。例えばイタリアでは、最初の競争法典（1990 年制定）の起草者は、競争を制限する可能性のある政府措置に対して競争当局が意見を述べる権利を与え、弊害をもたらす可能性のある措置をとろうとする官庁に対して、そのような措置をとる前に競争当局と協議することを求める規定を置いた[5]。中国も、類似の規定を 2017 年に置いている[6]。

（f）法執行

　訴訟等の正式の法的措置によって法執行をするのは、法を守らせるための

---

5)　Law No. 287/1990 of October 10, 1990 (*Norme per la tutela della concorrenza e del mercato*).
6)　［Anti-Unfair Competition Law］(promulgated by the Standing Comm. of the Nat'l People's Cong. of the People's Republic of China, amended November 4, 2017, effective January 1, 2018).

手段としては最もコストの大きな方法である。しかし、弊害のある行為をやめさせるために、そのような正式の法的措置をとる必要がある場合もある。米国と欧州では、正式の法的措置が競争当局の中心的な仕事であることも多い。他方で、新しい競争当局にとっては、正式の法的措置が果たす役割は相対的に小さい。

　法執行をするには、まず、違反行為の存在を窺わせる証拠が必要である。多くの競争当局には、資料や企業従業員の証言などを提出させる権限などの調査手段が与えられており、実際にそれを使っている。「夜明けの襲撃（dawn raid）」と呼ばれる立入検査の権限が与えられている競争当局もある。あなたの会社の始業時刻に、あなたの会社の本社に競争当局の担当官が予告なく訪れ、パソコンや文書を含む資料を見せるよう求める、という状況を想像してほしい。これが、恐れられている「夜明けの襲撃」である。そのような立入検査をするには、立入検査をすることを裁判所が認めたことを示す令状が必要であるとしている法域もある。しかし、立入検査を成功させるためには、予告がなく企業側が準備できていないということが重要であるから、裁判所の令状が必要であるとしても直ちに発出される傾向があり、また、調査の手法のうち令状が必要とされる手法は限定されているという法域もある。ともあれそれで、担当官はオフィスからパソコンや文書を持ち帰る。それに対抗できる手段はほとんどないかもしれない。

　法執行の手続は、競争当局による判断に至る過程で違反被疑企業が参加し反論できるかどうかという点において、法域によって大きく異なる。競争法が発展を遂げた法域では、参加・反論の権利が与えられているのが通常であるが、競争法が新しい法域では、そうではないことが多い。さらに、被疑違反企業に対する手続保障の内容も法域によって大きく異なる。

　競争当局にとっての法執行のツールには、通常、３種類のものがある。

　第１は、競争法違反があると認定した企業に課徴金を課すというツールである。課徴金を課す権限は、競争当局の法執行手段の主要なものであることが多い。課徴金は極めて高額となることがある[7]。

　第２は、競争当局が違反と認定する行為を禁止し取りやめを命令するというものである。例えば、企業結合規制においては、取りやめの命令が主要なツールとなる（第７章）。

　第３に、よくあるわけではないが大いに恐れられているものとして、弊害

のある行為をその企業において担当した個人に対して刑罰を科したり、あるいは競争当局が自ら刑罰を科する権限があるのでなければ検察当局に告発したりする、というツールがある。刑罰は、明確に違反であるような行為の場合に採り得る手法である。すなわち、刑罰の対象となるのはほとんど、競争者間で競争を制限しようという合意の事例ばかりであり、そのような行為類型については、故意の違反行為を思いとどまらせる手段として担当者個人に対する刑罰を用意しておくのが適切であると法が判断しているわけである。刑罰は最近まで米国以外では稀であったが、最近では、事例の数においても量刑においても、米国だけでなく他のいくつかの国においても、刑罰は重要なものとなっている。多くの法域では、競争当局は自分で刑事訴追をすることはできない。刑罰が可能な法域では、競争当局は、刑罰を科すことが適切な事例について、訴追するよう告発することが求められる。

　競争当局の法執行としての命令等は、多くの場合、司法審査の対象となる。しかし、この章の後の部分で見るように、司法審査には様々な類型があり、どのような裁判所が司法審査を行うかについても様々なものがある。

2.2　規模、能力、リソース

　競争当局がどのツールを用いるか、それをどのようにして実行するか、を決める要素として、競争当局の規模、能力、リソースが重要である。

（a）リソース

　リソース*) は重要である。もし競争当局に限られたリソースしかなけれ

---

7) 〈https://www.jftc.go.jp/en/pressreleases/yearly-2019/September/190926.pdf〉Office of Public Affairs, 'StarKist Ordered to Pay $100 Million Criminal Fine for Antitrust Violation' (*Dep't of Justice*, September 11, 2019) 〈https://www.justice.gov/opa/pr/starkist-ordered-pay-100-million-criminal-fine-antitrust-violation〉accessed October 7, 2019 ; European Commission, 'Commission Fines Google €1.49 Billion for Abusive Practices in Online Advertising' (*European Commission*, March 20, 2019) 〈https://europa.eu/rapid/press-release_IP-19-1770_en.htm〉accessed October 7, 2019 ; Japan Fair Trade Commission, 'The JFTC Issued Cease and Desist Orders and Surcharge Payment Orders to Manufacturers of Aluminum Beverage Cans and Steel Beverage Cans' (*Japan Fair Trade Commission*, September 26, 2019) 〈https://www.jftc.go.jp/en/pressreleases/yearly-2019/September/190926.pdf〉accessed October 7, 2019.

＊) 　原著では、特に意味を定義・解説することなく "resource" という言葉を用いた箇所が多い。そこで、訳文も、基本的には原著にあわせて単に「リソース」とした。文脈に応じて読み取っていただければ幸いである。一般的には、資金や人材などの意味で用いられることが多い。

ば、啓蒙や交渉といった低コストの法執行戦略を取るしかなく、また、おそらく、大規模で資金の潤沢な競争当局が行うような洗練された経済分析を行うことはできない。このことは特に、競争当局がその決定の正当性を裁判所で主張する必要がある可能性がある場合に当てはまる。そのような場合、競争当局は、豊かな資金を持つ相手方企業に雇われた高度で経験豊富な弁護士やエコノミストと対峙することになるかもしれない。このため競争当局は、そのような企業に対して競争法を適用することに二の足を踏むようになる。

（b）規模、能力、組織構造

　競争当局の規模は千差万別である。大きな競争当局は、弁護士、エコノミスト、コンピュータ専門家、などを含む数百名の専門家を雇っている。しかし、ほとんどの競争当局は遥かに小さく、数名の職員しかいない場合もある。このことが、競争当局の選択肢の幅や、実行しようとした選択肢をどれだけ実施できるかを左右する。

　競争当局の職員の能力は、この文脈では特に重要である。職員の教育、経験、知識の水準は、競争当局が何をすることができるかに影響する。しかし、高度の技能と経験を持つ者が職員となるよう勧誘し定着してもらうためには適切な資金が必要である。大きな法律事務所やエコノミックコンサルティング事務所は、能力のある人材に対して競争当局よりも遥かに高額の報酬を支払うことができる。その結果として、多くの競争当局の職員は若く経験が乏しいことがしばしばであり、技術的な能力も分析能力も相手方企業より劣ることが多い。

　競争当局の組織構造、すなわち、権力や権限が組織の中でどのように配分されているか、を知ることは、どのような決定がされるかを予測するために重要である。例えば、長官などのトップの官僚が全ての決定に対して大きな影響力を持つ競争当局もあれば、長官等が法律または慣習上の制約により多くの決定に介入することが許されず、参加することさえ許されないという競争当局もある（例えば、ドイツでは、個々の「決定部」が長官から独立して個別事件に関する決定を行う）。経済学の役割を予測するうえでも組織構造は特に重要である。例えば EU のように、個別事例の判断について初期の段階からエコノミストがチームに属している競争当局もあれば、例えば日本のように、エコノミストが現実の事例を扱うチームに日常的に属して関与することの少

ない競争当局もある。エコノミストがどのくらいチームに属しているかという点は、経済学的な手法と法的な手法とが意思決定においてどれほど組み合わされるかに影響を与える。

2.3　組織の独立性

　競争当局が独立に行動する、つまり、確立した理念や検討手法を中心として判断をするような法域では、その判断の予測可能性は高い。しかしながら、競争当局の外からの圧力や利害が独立性を阻害する場合も多い。したがって、これらの要素を検討すると、競争当局にとって何が可能で実際に何をしそうであるかがわかるようになる。

（a）政治的圧力

　競争当局は、普通、政府の行政組織の一部であり、したがって、政府部内の他の部分からの圧力に弱い。例えば、もし、商務大臣が、域外の支配的企業による弊害が起きているという立場を強調したいならば、商務大臣は、その地位を利用して競争当局に圧力をかけ、その域外の支配的企業に対する法的措置をとるよう仕向けるかもしれない。政府部内の他の組織からの影響を受けやすい競争当局は、そのような圧力から自由な競争当局と比べると、異なる挙動をとるのが普通である。

（b）金銭的インセンティブ

　金銭的インセンティブも、競争当局の決定に影響を及ぼす。金銭的インセンティブは、有利な決定をするように担当官に賄賂を支払うという形態を取ることもあるかもしれないが、目立たない間接的なものもある。例えば、競争当局に所属する弁護士やエコノミストは、将来そのうち競争当局の外で実務を開始または再開すると見込んでいる場合には、競争当局の担当官として関与した決定が将来の仕事に影響するかもしれないことを知っている。もちろん、知っているために競争当局の担当官としての仕事を手加減する者もいれば、そうでない者もいる。

2.4　熱　意

　担当官が競争当局の目標にどれほど個人的に思い入れを持っているか、と

いう点は、競争法上の判断に強い影響を与えることが多い。例えば、ドイツ
の競争当局（連邦カルテル庁）の成功、特にその初期（1960 年から 1990 年ころ）
の成功は、ドイツに新たな社会を形成するために競争法が役立つという熱い
信念を共有した職員の思い入れによる面が大きい。同様に、欧州委員会の職
員は、より良い欧州をつくるためには競争法が役立つ、という信念があるた
めに動いていることが多い。アフリカでは、ザンビアや COMESA で活躍す
るジョージ・リピミル氏のような官僚の個人的な思い入れが競争当局の成功
を支える主要な要素となっている。そのような思い入れがなければ、競争法
にとっての障害を乗り越えることは難しい。

3　裁判所

　競争法における裁判所の役割は、いろいろである。米国のように、裁判所
の役割が中心的である法域もあるが、裁判所が周辺的である法域もある。裁
判所が何を行うことができ、何を行うことができないか、という点に思い込
みを持ってしまうと、誤りの原因となる確率が高く、高価な失敗に繋がり得
る。ある法域の外にいる者がその法域の裁判所の役割について誤解し、取り
返しのつかない失敗をすることはよくある。

3.1　役　割

（a）行政の決定の司法審査

　裁判所は、競争当局の決定を司法審査する権限を持っているのが通常であ
る。しかしここで重要なのは、「どの裁判所が審査するのか」、「何を審査す
るのか」、「いつ審査するのか」である。多くの法域では、裁判所が審査でき
るのは、競争当局の決定に、手続的な誤りがあったかどうかや、バイアスや
脅しがあったというような憲法的な価値に反する点があったかどうかに限ら
れる。他方で、別の法域では、競争当局の決定において違反要件の解釈や当
てはめに誤りがなかったかどうかを裁判所が審査することも許されていたり
求められていたりする場合もある。このような場合には、裁判所が競争法の
内容に影響を与えることができるわけであるから、裁判所が、何を、どのよ
うな状況のもとで、行うことができるのかを知ることは極めて重要である。
裁判所の役割が重要になればなるほど、裁判所が外部の圧力に晒される程度

も大きくなり、腐敗が生ずる可能性も出てくる。新興成長経済圏の法域をはじめ、多くの法域の競争当局担当官が、司法審査をする裁判所がそのような圧力の影響を受けていることは多い、と言っている。

(b)　私的な法執行

　競争当局でなく一般の企業や個人が裁判所で相手方の競争法違反を主張する私的な法執行は、裁判所にさらなる役割を与える。私的な法執行には 2 種類のものがあり、これらを区別する必要がある。

　「純粋」型の私的な法執行においては、企業や個人は、反競争的な行為による弊害に対する法的措置を請求するため直ちに裁判所を利用することができる。企業や個人は、競争当局が動くのを待つ必要はない。この「純粋」型は、米国反トラスト法においては、ほとんど草創期から、中心的な役割を担ってきた（第 8 章参照）。しかし、それ以外の法域では、「純粋」型は、ずっと最近になってから利用可能となったものであり、その役割も限定的であることが多い。

　「純粋」型と比べ、よく見られるのは、フォローオン型、つまり「おんぶ」型である。これは、私的な法執行が競争当局の命令などの決定の後に行われるものである。競争当局の命令を待つよう法律上義務付けられている場合もあれば、実際問題として競争当局の命令を待たざるを得ない場合もある。前者の形をとる法域では、競争当局の決定が最初に行われることを必要とし、そのあとで私的な原告が裁判を起こしてもよい、という枠組みがとられる。この考え方は、競争法の私的な法執行において必要となるような事実認定の負担を裁判所に負わせることに消極的な立場を反映している。「純粋」型が認められている場合でも、日本のように、証拠を確保するという大きな障害があるために裁判の数が少ない法域がある。そのような法域においては、手続法が、通常、被告や第三者に対して情報の提供を求める権利を原告に認めるという制度を採用していない。そのような場合、例外は、特定の証拠が、原告の主張する被告の違反行為に直接に関係していると裁判官に対して立証できた場合だけである。その結果、原告は、競争当局が広範囲にわたるデータを取得してそれを原告が裁判で使えるようになるまで待たざるを得ない。

3.2　裁判所の種類と構成

　それぞれの裁判所が何をすることができて何をすることができないか、それぞれの裁判所の義務や使えるツールは何か、を明瞭に知ることは重要である。

（a）行政裁判所

　行政裁判所と呼ばれるものは、競争当局の決定のなかに手続的な問題や憲法上の問題があるかどうかを審査することができるが、競争当局の決定が違反要件基準に照らして適切かどうかを判断することはほとんどない。

（b）通常の権限のある裁判所

　通常の権限のある裁判所は、競争当局の決定を違反要件の観点から審査することもできるが、競争法以外の他の多くの分野を手がける裁判官からすると、事実が入り組み、経済学も取り入れなければならない競争法には、親しみを持ちにくい。その結果、そのような裁判官は、違反要件の問題に立ち入るのに気が向かないことが多く、手続的な論点で事件を解決するのを好む。いくつかの法域では、裁判所のなかに、競争法の事例を審査するための特別の「部」を設けている。

（c）特別裁判所

　いくつかの法域では、競争当局に対する争いは特別裁判所に振り分けられる。そのような特別裁判所には、裁判所の組織のなかに置かれて通常の裁判官によって構成されているものと、裁判所の組織の外に置かれて政治家や経済界代表や労働組合代表などが裁判官を務めるものとがある。いずれにしても、特別裁判所の裁判官はどのような者であり、どのようにして選ばれているのか、ということを知っておく価値は高い。

3.3　裁判所の能力とインセンティブ

　裁判所の組織構造を知れば、競争法がどのように機能するかがさらにわかるようになる。判例法主義をとる法域などにおいては、裁判官は法律家としての経歴の遅い時期になって裁判官として指名され、上級裁判所に「昇進」

することは、通常は、ない。このような場合には、裁判官は、自分個人の栄達に対する関心をあまり持たない。それに対して、多くの法域では、裁判官は大学を卒業したあとヒエラルキーの一部となり、その経歴の最後まで、ヒエラルキーに組み込まれたままになる。裁判官の給与と栄誉はヒエラルキーにおける居場所によって決まる。したがって、裁判官は、自分の経歴に対して影響力を持つ裁判官の考えに沿わない判断をすることに躊躇する可能性が高い。さらに言えば、競争法は複雑で不確実なので、間違いや不明瞭な理由づけをしてしまうリスクが高い。多くの事例は、経済的な重要性も高いので、政治的にも難しい判断を迫る。これらの点があるので、裁判所は、競争法の事件について、違反基準の論点をかわし手続的な論点で解決しようとする強いインセンティブを持つようになる。

4　競争当局や裁判所における判断手法

　どのような検討手法をとるか、は競争当局や裁判所の決定等に影響を与える。検討手法には、ガイドラインなどで公式に確認されたものもあれば、そうでないものもあり、判断権者が自覚しているものもあれば、無意識のうちに行っているものもある。判断権者がどのような検討手法を使っているのかを知れば、過去の判断を理解したり、将来の判断を予測したり、判断権者に影響を与えたりするための、価値ある道具となる。そうすれば、判断権者と同じように物事を見ることができるようになり、判断権者がどのようにしそうかを予測したり、場合によっては判断権者に影響を与えたりすることができる可能性も高まる。

　裁判所も競争当局も、通常、法的な手法と経済学的な手法の両方を用いるが、両者をどのように組み合わせるかは、裁判所と競争当局とで異なる。裁判官は、伝統的な法的手法に頼る傾向があるが、多くの競争当局は、経済学的な手法に重点を置く傾向がある。特に、エコノミストが競争当局において主導的地位にいる場合にはそのように言える。

　伝統的な法的手法は、判断において言葉に重点を置く。つまり、法律、過去の事例の理由づけ、規則、などに書かれた言葉に重点を置く。それらの言葉は、どのような行為が違反となるかを表現している。判断権者は、いま判断を求められている特定の行為を、明文で表現された既存の違反行為類型に

引き寄せて検討するか、または、上記の言葉から正統的に導かれると判断権者が考える新たな範疇を創出したうえで検討するか、のいずれかの手法で判断する。

　それに対して、経済学的な手法は数字に重点を置く。経済学的手法は、利用可能なデータのもとで、物事が起こるパターンや因果関係を分析する。多くの法域において、中心的な問いは、特定の行為が特定の種類の経済的影響を持ったか、または、持ちやすくなると予想されるか、である。例えば、事業者間の合意が価格上昇をもたらしたか、や、企業結合が市場における競争を減少させそうか、である。経済学は、これらの判断をする際に最も役に立つ可能性の高いツールである。

　実務においては、法的な手法と経済学的な手法は相互に織り交ぜられながら用いられる。判断権者が、どのような経歴を経て力を付けてきたか、現在どのような地位にあるか、どのようなインセンティブを持っているか、といったことに応じて、特定の案件で法的手法と経済学的手法のどちらが重視されるかが変わってくる。判断の過程においてエコノミストの役割や地位が大きいほど、経済学的手法の影響は大きくなりやすい。逆に、判断の過程において法的訓練を積んだ担当官の役割や地位が大きいほど、法的手法の影響が大きくなりやすい。

4.1　条文解釈

　法令の条文がどのように解釈されるかは、その法域の法的システムにおいてどのような理由づけが用いられているかによって異なる。裁判官と弁護士は、特定の手法による法解釈の訓練を受けている。なかには、ドイツや日本のように、解釈方法が、研ぎ澄まされ、体系的で、研究が重ねられたものとなっている法域もある。そのような方法の基本的な考え方をつかんでおけば、アウトサイダーにとって、判断の内容を吟味したり、そのような方法によって訓練された人たちと効果的に意思疎通をするのに役立つ。ほんの数時間でも、関係する文献を読んだり、その法域の制度のインサイダーと会話したりするだけでも、極めて有益である。しかし、別の法域のなかには、法解釈の手法がどちらかというと確立しておらず、既存の事例を読み解いたり将来の判断を予測したりするのが難しい法域もある。

　競争当局の決定が違反要件の観点からも司法審査の対象となる法域では、

競争当局は、自らの判断を裁判所の法解釈の手法に近づけようとするインセンティブを持つ。他方、違反要件が司法審査の対象とならない法域では、そうではないかもしれない。

4.2　先例の利用

　競争当局・裁判所は、その決定を権威づけて結果の一貫性を増すために、先例を用いる。裁判所では、物事の権威の有無に大きな関心を注がなければらない。例えば、どの裁判所が、どのような法的理論を、どのような理由づけで、用いたか、ということである。裁判所は、自らの法的分析を、他の事例における法的分析と整合的なものとすべきか、または、整合的なものとしなければならないか。裁判所は組織間の権限分配を基盤とする司法組織の一部分であり、裁判官は権威ある資料をどのように用いたかによって評価されることが多い。このため、裁判官は、いま担当している新しい事案の事実関係を先例と注意深く照らし合わせる。判例法主義の法域をはじめとする法域では、裁判所の判断は後続の事例を担当する裁判所に対して法的な拘束力を加える可能性があり、そうすると、先例の権威は公式のものと言える。他の法域では、先例の権威はそれほど公式のものではなく、関係する裁判所の先例は後続の判断にとっての参考となるにとどまる。

　裁判所は、諸々の判断の一貫性を増すという実利的な目的のためにも、先例を利用する。裁判所は、公正であると思われたいと考えているのが通常であり、公正であると見られるための 1 つの要素は、その機関が、同様の事実関係を持つ複数の事例を取り扱う際に一貫しているかどうかである。このため、先例における法的理由づけよりも、いま目の前にある事案の事実関係を既存の事例の事実関係と照らし合わせることのほうが重要となる。競争当局は、先例における法律の文言の解釈に従うよう義務付けられることも多いが、先例との一貫性を保つために事実関係を比較することに注意を払いたいと考えるものである。全ての競争当局は、自身の最近の先例に従うものであるから、競争当局の最近の先例は、競争当局の判断を予想するうえで特に有益な参考となる（大きな政治的変革が起こらない限り）。

　新たに競争法を導入した法域では特に、判断権者は、自らの判断を権威付け、また、判断の参考とするために、高い地位を持つと考えられている外国、特に米国と欧州の先例を参照することもある。

4.3　経済学の利用

　経済学は、様々な形で用いられる。第 1 に、目の前で問題となっている行為がどのような経済的な結果をもたらすかを知る、という場合である。第 2 に、法理論がもたらす分析が経済学的な理由づけと一致するか、一致する程度はどれくらいか、を明らかにすることによって、法理論の利用に指針を与える、という場合である。競争法を持ついくつかの法域においては、経済学に照らしたこのような指針が極めて大きな影響力を持っているが、他の法域ではそれほどではない。第 3 の形は、さらに先を行くものである。そこでは、経済学が競争法規範そのものを提供することを認める。すなわち、ある行為が法律に違反するかどうかを経済学が決めることを認める。例えば、米国反トラスト法では、ある行為が経済分析に照らして「反競争的」であるならば、違反となると考えられている。もし「反競争的」でないならば、違反とされる可能性はまずない。

　判断権者が経済学に明るいかどうかによって、多くのことが左右される。米国や EU のような限られた範囲の法域では、競争当局は、博士の学位を取得した水準のエコノミストを使っており、そのようなエコノミストは、高度にテクニカルなツールを用いて事実関係の分析を行うことが多い。しかし、エコノミストに支払うべき報酬は高いので、多くの法域では、訓練の程度がさほど高度ではない官僚を使って、高度というよりは基本的な経済分析を採用している。競争当局において経済学に与えられた役割を知る手がかりの 1 つは、競争当局において主導的立場にある人たちの学歴を調べることである。例えば、博士の学位を持つエコノミストが多いと、政策判断において経済学が大事な役割を担うであろうことがわかる。

　裁判官は、法的なスキルとこれまでの個別事例における経験を重視するものである。しかし、競争法の事例の場合は、裁判官も、経済学的な理由づけや結論をとるかもしれない。特定の裁判体がどのような考え方をとるかを予測することは難しい。裁判官が経済学の広範な知識を持っていることは稀であって、裁判官は、「経済分析専門家」が経済分析の結果を簡略化して示す説明に頼らざるを得ない。そのような説明の内容は、裁判において証拠となり、その証拠が信頼すべきものであるかどうかは、標準的な司法実務の基準によって評価される。弁護士は、経済分析の結果を裁判官等の法律専門家に

とって理解可能で説得力を持つものとするために重要な役割を担うことになる。

5　強制と圧力

　他の法域の政府や国際機関が、特定の政府に対し、一定の性格を持つ競争法を制定するよう圧力をかけたり、特定の競争当局に対し、一定の形での運用をするよう圧力をかけたりすることがある。そのような影響力が大きいほど、言語化された法目的論や目に見える方法論は、個別の判断に対して大きな影響力を持たないことになる。

　外部から行使される影響力として、まず、直接的で明確なものがある。例えば、1990 年代に世界銀行は、多くの発展途上国に対し、競争法を制定することを条件とした貸付けを行った。貸付けは、それらの国が特に必要としたものであった。

　他方で、それほど直接的でない方法で影響力が行使されることもある。例えば、他の法域の政府は、財政支援や、専門性や、法執行支援や、職員の研修の機会などを、他の法域の競争当局（またはその幹部）に対して提供し、その競争当局を特定の政策や実務に誘導する場合がある。米国、EU、日本などは、いずれもそのような戦略を採用してきた。

　いくつかの法域では、これらの呼び水が腐敗を招くことがある。したがって、腐敗の可能性があることに留意することは、大切であることが多い。競争法の場合、腐敗の危険性は特に高い。なぜなら、競争法の法執行などの標的は資金の潤沢な大企業であることが多いからである。競争当局の財政基盤が弱く、判断基準や理念が不明瞭であり、競争当局の独立性に限界がある場合には、腐敗のリスクが最大となる。しかし、安定しており高度に発達した競争法のある法域でも、個人的な利得を得たいという欲望が判断権者に影響を与え、言語化された競争法の法目的を骨抜きにする場合がある。

　この章では、当局・裁判所がどのようにして法目的論を具体的な判断に繋げていくかを見た。本書は次に、競争法がどのような行為を対象とするのかを見ていく。

競争法の違反類型

　第 1 部では、競争法の基本的な構成要素を見た。この第 2 部では、それら
の構成要素が実際にどう動いていくのかを見ていく。競争法が抑止しようと
する行為はどのようなものであるのか、それらをどのようにして立件するの
か、を明らかにする。どの法域の競争法も、問題とする行為の基本的な類型
は同じであるが、弊害の捉え方については法域ごとに独自の視点があり、独
自の方法で立件する。そこで本書では、それぞれの行為類型ごとに、同じ基
本的問いかけをする。なぜその違反類型は規制対象とされているのか。抑止
のため、どのような制裁、どのような手続が、ツールとして用いられるのか。
そのようなツールの使い方にはどのような要素が影響するのか。

弊害を明らかにする

　その違反類型は、なぜ、弊害をもたらすと考えられているのか。基本的な
答えは、その違反類型が競争法の法目的を阻害すると考えられているから、
ということである。第 3 章で、競争法の法目的論を見た。以下では、個別事
例を見つけ出すために法目的論がどのように用いられているのかを明らかに
する。

規制対象となる行為を特定する

　通常、法律は、問題となる行為類型について一般的な記述をしているにと
どまる。裁判所や競争当局が、規則、ガイドライン、判決理由などによって、
それを具体化する。法律が抽象的であればあるほど、裁判所や競争当局の自
由度は増すことになる。

　特定の産業等の業界が競争法の適用除外を受けていることも多い。多くの
場合は、それらの業界が別の法令の規制を受けているからである。銀行、保
険、通信、スポーツは、そのようなよくある適用除外の一例である。適用除
外には、そのほかに、特別の事情や歴史など、その国に特有の理由によるも
のもある。例えば、南アフリカ共和国の競争法は、「歴史的に不利益を受け
てきた」社会集団、すなわち、アパルトヘイト政策の被害者たち、が所有す
る会社に関する適用除外を定めている。

規制対象となる行為を立件する

　規制対象となる類型の行為が、どのようにして、どの程度まで、立件され

るのかは、競争当局の、手続、規則、リソース、インセンティブ、によって
決まる。ある行為を立件するか否かを決めるにあたり、競争当局は、最終的
な結論に至った場合に得られると考えられる社会的便益と、立件することの
コストとを、天秤にかける。その際には、特定の行為を立件することによっ
て他の同様の行為を抑止する可能性があるかどうかという点も考慮する。競
争当局は、弊害が限定されていたり弊害が起きるか否かが不確定であるに過
ぎない行為や、弊害と比較して立件のコストの高い行為は、わざわざリソー
スを使って取り上げたりはしないのが通常である。

　競争当局は、直接のコストと間接のコストの両方を考慮に入れる。直接の
コストとは、問題の行為を立件するために使われるリソースのことであり、
例えば、職員の給与である。しかし競争当局は、問題の行為を立件すること
それ自体が、例えば、イノベーションのような潜在的便益をもたらし得る行
為を抑止することによって、競争に弊害をもたらさないかどうかも考慮する。
そのようなものは計測が難しいが、しかし重要であることが多い。一般的な
経済政策上の優先順位（場合によっては特定の個人にとっての優先順位）が、事
件を立件するかどうかを左右することもある。

国際的に共通したパターン

　規制対象となるそれぞれの違反類型については、国をまたいで経験が蓄積
されている。すなわち、どのような行為が行われていそうであるか、見つけ
出した行為をどのように法的に評価すればよいか、といったことの判断に役
立つような一種のパターンがある。例えば、新興成長経済圏の国の競争法が
直面する懸念事項の少なくともいくつかは共通しており、したがって、その
ような国の競争当局が重点を置く違反類型や、特定の事件を立件するかどう
かの判断には、共通のパターンがあることが多い。これらのパターンを知れ
ば、共通の問題や動向に対する理解を大きく高めることができ、1つの法域
に関する情報を、同様のパターンを持つ他の法域について理解したり予測し
たりするのに役立てることができる。

反競争的な合意

　企業は様々な目的で他の企業との合意を取り交わす。そのほとんどは、効果的で価値ある市場のために役立つ。しかし、なかには、逆の影響をもたらすものもある。競争を促進し下支えするのでなく、競争を減少させたり歪曲したりする。そのような場合には、企業間の合意は競争法の規制対象となり得る。

　競争法が注目する反競争的な合意には、2種類のものがある。

　第1は、競争者間の合意であり、「水平的」な合意と呼ばれる。合意に参加する企業がいずれも同じ市場の同じ取引段階でビジネスを行っているからである。ほぼ全ての法域の競争法が水平的合意を規制対象とし、現に立件しており、水平的合意は通常は競争を害するという点で広く意見は一致している。

　第2は、「垂直的」な合意である。これは、互いに競争関係にはなく、特定の商品・役務を市場にもたらすに際して異なる役割を果たしている複数の者の間の合意である。垂直的合意も、競争を害することがあり得る。しかし、水平的合意と比べると、その市場への影響を計測することは遥かに難しく、それぞれの法域の競争法は、垂直的合意をどのように法的に評価するかという点において大きく異なっている。本書では、それはなぜであるかを見ていく。

　水平的合意と垂直的合意の区別は、第12章で見るビッグデータ問題によって一定程度は相対化され曖昧になっている。しかし、この2つの区別は、多くの場合、なお日常的に用いられている。

　「合意」という用語は誤解を招きやすいので、ここでは2点を明確にしておきたい。

　第1に、その形態がどうであるかは、ここで言う合意に当たるか否かとは関係がない。口頭の合意でも、書面による合意と同様の法的効果を持つ。いくつかの法域、特に、かつてのいくつかの法域と、新興成長経済圏の法域においては、競争法は特定の形態による合意のみに適用される。しかし、特定の形態を持つことを違反要件とすると、簡単に規制を迂回されてしまうことが多い。したがって、特定の形態を持つことを違反要件として規制対象を絞るという方法は、現在では、ほとんどの法域において、採用されていない。

　第2に、「合意」という概念は、多くの人が思うよりも広い概念である。も

し、複数の企業が、市場において一定の結果をもたらすために意図的に同じ歩
調を取る共同行為を行えば、競争法の観点からは、そのようなものも合意にあ
たるとして扱われる。いくつかの法域では、さらに形のある証拠がなければ違
反としないが、意図的に共同歩調を取っただけで合意があるとする法域は多い。
競争法は、市場における行動について意図的に他社と合わせる行為を懸念する
のであり、それがどのようにして行われるかとは関係がない。後述するように、
この点は複雑な問題を提起する。

　以下ではまず、水平的合意の取扱いを見ていく。

1　競争者間の合意（水平的合意、カルテル）

　2019 年 3 月、チリの自由競争保護裁判所（TDLC）は、Cencosud、SMU、
Wal-Mart の 3 つのスーパーマーケットチェーンが、鶏肉の販売について反競
争的な合意をしたため法令 211 号の 3 条に違反したという判断を下した。具体
的には、これらの 3 つのチェーンは、鶏肉の最低販売価格を、卸売価格に消費
税を上乗せした価格と同じかそれ以上とするようにする競争停止行為を行った
と認定された。TDLC によれば、3 つのチェーンは、総体として、この価格引
上げを成功させることができるだけの大きな市場支配力を持っていた。TDLC
は、この競争停止行為は市場を支配し価格戦争を防ぐためのものであった、と
も認定した。それぞれのチェーンが、他の 2 つのチェーンの販売状況をチェッ
クし、価格合意に違反したチェーンがあったならば制裁する、という情報交換
の枠組みを置いていた、という証拠もあった。これらの認定に基づき、TDLC
は 3 社のそれぞれに対し、高額の罰金を科した[1]。

　価格戦争は、供給者、その従業員、もしかしたら町や都市や地域の経済に対
して、害を与える可能性のあるものであるのに、単にそれを避けようとする競
争者間の合意は、なぜ悪いことであるのか。この、競争法に対する疑問は、過
去においてはよく聞かれたが、今日では聞かれることはほとんどない。それは
なぜであるのかを、以下で見ていく。競争者間の合意は、市場価格を高め、合
意参加者の利益を増加させるので、極めてよくある行為である。裁判所はなぜ、
合意参加者の総体が市場支配力を持っていたかどうかを詳しく審理したのか。
違反とするには、合意が書面で行われたことが必要か。違反とするには、何ら
かの意味で正式の合意がされたことが必要か。もし、3 社が、それぞれの製造

---

1)　TDLC v. Cencosud, SMU, y Walmart［Tribunal de Defensa de la Libre Competencia］2019.

計画について他の競争者に一方的にメッセージを送り、何らかの協力にやぶさかでないという信号を発したというだけであった場合はどうか。それだけでも、競争法で言う合意に該当し、企業に高額の罰金を科して担当者を刑務所に送るに値すると言えるか。そのような「合意」を行った担当者はこれを秘密にしようとするであろうが、競争当局はそれをどのようにして発見するのか。他社の販売状況や価格を相互に監視したという証拠があるだけで「合意」があると言えるか。政府は合意参加者が合意の事実を当局に密告するよう誘導することはできるか。もしできるなら、どのようにすれば可能か。

　競争者間の合意は、「カルテル合意」と呼ばれることもある。通常、競争法の中心的な規制対象である。同じ市場に存在する企業が、競争するのでなく、市場活動の内容を揃えるようになると、それらの競争者間の競争は減少したり失われたりする。それらの競争者の合計の市場シェアが十分に大きければ、合意をした競争者らは市場全体の競争を減少させることが可能であり、場合によっては全て失わせることさえ可能である。以上のような認識では一致しているのであるが、しかし、それぞれの法域の競争法は、弊害をどのように認定するか、競争者間の合意の規制にどれほどの重要性を与えるか、規制のためにどのようなツールを使うか、といった点で、異なっている。

1.1　水平的合意は何のために行われるか

　競争関係にある複数の企業が、合意をして、競争変数[*]のうちいくつかのものを固定してしまったならば、それは、1つの基本的な目的のため、すなわち、より高い利益を達成するためである。例えば、テレビの市場における全てまたは大半の企業が、テレビの価格について互いに競争しないという価格協定の合意をしたならば、それぞれの企業にとって、他の競争者が販売台数を伸ばすために値下げを仕掛けてくるリスクが軽減または除去されるということを意味する。そこで、それぞれの企業は、合意をしなければあり得た価格よりも高い価格でテレビを売ることができるようになる。もちろん、競争者間の合意のなかには、合意参加者に利益をもたらすだけでなく、結果

---

[*]　「競争変数」とは、価格や品質などのように、競争をする際の指標となり、競争状態に応じて変動するものを指す。これを固定したり硬直化させたりすれば競争制限の状態となる、という形で、競争法の世界で観念されている。価格や品質などを「競争変数」と総称することは、世界的にも、比較的近年からされるようになったものであるが、この部分では、この言葉を用いれば原著の趣旨を最もよく表すように思われる。

的に競争そのものに利益をもたらすものも、存在するかもしれない。例えば、合意が技術革新をもたらす場合である。しかし、いずれにしても、合意参加者にとっては、合意の究極の目的は利益を高めることである。

　ところが、この戦略がどのような効果を持つかは、合意によって市場のどの程度の範囲がカバーされるかによって決まる。もし、合意参加者の合計市場シェアが1％だけであるなら、その合意は価格を引き上げるという目的を達し得ないであろう。合意に参加していない企業が価格競争を続け、購入者は安い価格を提示する企業から買うのが通常だからである。以上のような場合には、合意参加者は、市場価格に影響を与えるための十分な「市場支配力」を持っていない、ということになる。

　合意参加者が、市場価格に影響を与えることができるほど十分に大きな合計市場シェアを持っている場合には、合意参加者は競争価格よりも価格を引き上げ、高い価格を維持できるよう供給量を減らし、それらによって利益を高める。合意参加者は、売る量を減らし、儲けを増やす。需要者は、買う量が減って支払額が大きくなる。カルテル参加者は、そのような合意を作り上げ、合意から逸脱して安売りなどをする者がいないかどうか監視するために、コストをかける必要があるが、合意によって得られる利益のほうがそのようなコストより大きいことが多いので、そのような合意は極めてよくあるものとなっている。

　競争関係にある複数の企業は、価格以外の競争変数による競争を制限することによって目的を達成することもできる。例えば、販売する地域を分割すること（地域による市場分割）によって、個々の合意参加者は自分の縄張りの地域で供給し、その地域では競争者から競争を仕掛けられる心配をせずに済む。顧客の属性に応じて、特定の属性の顧客に対してはどの企業が売る、とか、商品の用途に応じて、このような方法で商品を用いる顧客に対してはどの企業が売る、といった形の合意もあり得る（顧客による市場分割）。合意参加者全体の影響力を利用して、合意に参加していない競争者に打撃を与えるため、合意不参加者に対して原材料を供給する者や、合意不参加者の商品を販売する者に対して、合意不参加者との取引を減らすようにさせる、という合意もあり得る（共同ボイコット）。これらの合意も、価格に関する合意と同じ弊害、すなわち、企業が価格を引き上げてコストを減らすことができるようになるという弊害をもたらし得る。

1.2　どのような弊害があるか

　第３章で見た法目的論のいずれによっても、そのような合意がもたらし得る弊害を説明できる。

　① 経済的影響：そのような合意は価格を競争価格よりも高くし、市場の効率性を損ねて、需要者厚生を減少させる。

　② 政治的・社会的影響：そのような合意は需要者から供給者へと富を移転させ、需要者にとって不公正なものとなり、所得格差や社会的分断の原因となる。

　③ 経済的自由への影響：そのような合意は、合意参加者が競争する自由を制限する。

　④ 経済発展への影響：そのような合意は、域内企業が新たな商品を開発するインセンティブを減少させることなどにより、経済発展を阻害する。

1.3　カルテルの違反要件

　競争法典は、通常、違反要件を表す文言が抽象的である。禁止または制裁の対象として、「取引を制限する」合意、とか、「競争を減少させる」合意、などと述べるのみである。このような漠然とした条文は、特定の限定された意味を持つものとなるよう解釈される必要がある。なぜなら、およそ契約というものは、ある意味では「取引を制限する」ものであるからである。そこで、多くの法域の競争法は、禁止するに値するだけの十分な弊害をもたらすような合意のみを対象とするような何らかの仕組みを備えている。そこでは、「比較衡量」が必要となる。つまり、合意によってもたらされる弊害の量と、合意が競争や社会全体に対してもたらし得る潜在的な便益の量とを、比較するのである。

　米国反トラスト法では、このような比較衡量を行うために、長い間、「合理の原則（rule of reason）」という概念が用いられてきた。合理の原則は、競争への弊害と、合意がもたらす競争促進的な影響とを、比較することを求める。他の法域でも、合理の原則は、多くの場合は翻訳されず “rule of reason” という表記のまま、比較衡量をする際に頻繁に用いられる。ただし、米国での使われ方とは似て非なる使い方であることが多い。

　EU 競争法では、これらの要素の比較衡量を、一定の要件を満たす合意を

適用除外*⁾ するという方法によって行う。これによって、そのような合意に対して抽象的な禁止規定が及ぶ範囲をかなり狭めている。

　カルテル合意の目的が合意参加者の利益のみである場合には、比較衡量の必要性はほとんどない。そのような合意は、「裸の」カルテルとか、「ハードコア」カルテルなどと呼ばれる。顕著な例が価格協定である。価格協定とは、競争者間で、特定の商品や役務について実質的に同じ価格を提示する、という合意である。そのような合意は価格を安定化させ、経済的・政治的な安定をもたらすので、正当化され違反でなくなる、と企業が主張することがある。そのような主張は、経済的緊張が高まっている時期や不安定性の大きな国においては特に、認められる場合があるが、しかしそれは、広く受け入れられた考え方ではない。「裸の合意」というレッテルは、市場分割や、合意に参加しない競争者を排除したり懲らしめたりするために合意される共同ボイコットなどに対しても、用いられる。

　合意が公共的な便益をもたらす可能性がある場合には、比較衡量は重要となる。例えば、競争者間で癌の新薬を共同で研究開発しようという合意は、参加者間での研究開発競争を制限するが、将来の製造販売競争のための新たな種となる新薬を作り出すことを意図したものでもあり、研究開発競争の制限という弊害を上回る便益がある。そのような研究開発は、極めて高額の費用を要し、また、作業の進行は容易ではない。したがって、競争者間で共同することは、公共の便益をもたらすために必要である場合がある。

　多くの法域の競争法典が、一定の類型のカルテルを適用除外、すなわち、禁止の対象外としている。例えば、いわゆる「微小な（de minimis）」合意は、適用除外とされるのが通常である。つまり、合意参加者の合計市場シェアが小さいとか、合意がもたらす影響が小さいといった理由により、競争に与える影響が大きいものとならない可能性が高い場合である。法域によっては、中小企業の競争機会の確保のためにカルテル適用除外の手法を用いるところもある。その場合、その理由として、中小企業による相互協力を容認することで、彼らが繁栄し、大企業（特に域外企業）と競争して、世界の各市場に打って出ることを可能とする、と説明される。

＊）　EU 法の "exemption" を「適用免除」と日本語訳する例が多いが、日本の法制において通常用いられる「適用除外」という言葉を用いてはならない理由は特にないように思われる。

1.4　カルテル合意の探知

　競争当局は、水平的合意と闘うといっても、どこで水平的合意が行われているかを探知するための情報がなければ、闘うことはできない。しかし、水平的合意を探知するのは難しいことが多い。その理由として、以下のようなことが考えられる。

　第 1 に、水平的合意は、公式の形態をとらず、かつ、遠回しの表現で、行われることが多い。企業の責任者が自社の価格等の方針について情報交換をするといっても、非公式の日常会話のなかで行うにとどまるかもしれない。そのようなものは合意には見えないかもしれないが、前述のように、競争法では、関係者が市場での活動を意図的に斉一化させたかどうかを問題とするのであって、上記のような情報交換がそのような斉一化に該当することはあり得る。

　第 2 に、関係者は、合意をすると各法域で違反とされる可能性があることを知っているので、できる限り合意を隠そうとすると考えられる。

　第 3 に、カルテル参加者と競争関係にある者も、カルテルの存在を知ったとしてもそれを暴露する可能性が低い。もし、その合意が市場における商品の価格を引き上げるのに成功しているならば、カルテル非参加者も、カルテル参加者と少なくとも同じだけ、価格引上げから利益を得ることになるからである。

　第 4 に、カルテルの被害を受ける顧客は、価格上昇に気づき、供給事業者らがカルテルが行っているのではないかと疑うかもしれないが、顧客にはカルテルを見つけ出すほどの十分な情報がなく、行動を起こすだけの十分なインセンティブもリソースもない。

　カルテルを探知するために用いられるツールとしては、主に次の 2 つがある。

　第 1 は、公表資料の分析である。競争当局は、価格動向などの市場統計を分析したり、市場参加者や他の法域の競争当局に情報提供を求めたりすることができる。このような方法で、斉一的な価格変更などのように、カルテル行為があったことを示唆する図式が炙り出されるかもしれない。しかし、カルテル合意はあちこちに蔓延しており、公表資料を分析してもそのうちわずかな割合のものを炙り出すだけに終わるかもしれない。また、情報分析には

コストがかかり、競争当局のリソースの使用方法としては非効率的である。

　第２は、減免制度（リニエンシー）である。減免制度は、公表資料の分析よりも、生産的で効率的な戦略である。減免制度は、カルテル参加者に、参加しているカルテルを密告するインセンティブを与える。政府は、概ね、次のようなことを言う。「もし貴社が、貴社が参加しているカルテルについて競争当局に知らせてくれたならば、カルテルに参加していることによる法的制裁のほとんど、または、全てを、免除します」。これにより、密告したカルテル参加者は、他のカルテル参加者が受ける法的制裁を免れたり減じられたりする。減免制度は 1990 年代に米国で取り入れられたものであるが、その後、競争法を持つほとんど全ての主要な法域において、カルテル規制の鍵となっている。多くの競争当局にとって、減免制度は、カルテルを見つけ出し、違反を立証するに足りる証拠を得るための、唯一の効率的な方法である。

　減免制度は広く世界で採用されているが、その詳細を見ると、法域によって大きく異なっている。

　第１に、減免の対象である。最初に減免申請したカルテル参加企業だけに減免を与える法域もあるが、遅れて情報提供をした他のカルテル参加企業にも部分的な減免を認める法域もある。

　第２に、減免を受けるためにはどのような情報を提供しなければならないか、という点でも、法域によって、必要とされる情報の量やタイプが異なる。

　第３に、競争当局にとっての情報の価値である。減免が与えられるのは、提供された情報が競争当局の法執行にとって減免に値するだけの価値を持つ場合に限られる。提供された情報は、例えば、競争当局がカルテル行為とカルテル参加者を特定し、カルテル参加者に対する制裁を根拠づけるために十分なだけの証拠に繋がるようなものでなければならない、ということになる場合がある。

　競争法を導入したほとんど全ての主要な法域に減免制度があるので、カルテル参加者は、国際的な視野を持たなければならないことが多い。そもそも減免申請をするか否か、減免申請をするとして、どの法域とどの法域で減免申請をするか、どのような形で減免申請をするか。この判断は、極めて複雑な検討を要する。

　減免制度は、被害者による民事訴訟との間でも、極めて複雑な相互作用をする。国際的な関係を持っていたり国際的な企業活動を行っている企業を代

理する弁護士は、世界中で減免申請をすることが、その企業にとって悪い結果をもたらす可能性があることに留意する必要がある。減免申請をすることによって、民事的請求に道を開いたり、そのような請求に対する予防手段が必要となったりする可能性があるからである。

1.5　カルテル合意の立件──便益とコスト

　カルテルを探知した場合、競争当局は通常、そのカルテル合意がもたらしている弊害の大きさ、弊害を立証したり立件に際して発動する具体的な法的措置をとったりするためのコスト、そのような法的措置をとることによって他のカルテルを抑止する効果が上がりそうか、といったことを検討する。

（a）弊害の計測

　弊害の計測は、不正確なものとなってしまうことが多い。特に、社会的・政治的な法目的との関係で弊害を計測する場合には、そのように言える。社会的格差の解消や経済的自由に対するカルテル合意の影響は、どのようにして計測すればよいのか。判断権者は、非常に大雑把な計測をせざるを得ない場合が多い。経済的な弊害を計測するのであれば、計測の正確性は高まるが、そのような経済的な弊害の計測においてさえ、多くの要素が計測を困難にすることがあり得る。それは、ひとえに、競争当局の資金などのリソースと担当官の研鑽の良し悪しに左右される。一般論として言うと、弊害を注意深く正確に計測しようとすればするほど、計測するためのコストは高くなる。リソースに恵まれた競争当局は、小規模でリソースの少ない競争当局よりも、事実に関する情報を多く集め、洗練された経済分析を行うことができる。その結果として、リソースに恵まれた競争当局は、高い正確性によって弊害を計測できる。高度の経済分析が弊害計測の鍵を握ると考えられる事例では、リソースは特に重要となる。

（b）合意の立証

　合意の存在を立証するのも、簡単な取組ではない。念のために再確認すると、ここでの問題は、違反被疑企業らが、文書などの形のある合意を結んだかどうかではなく、文書によるか否かを問わず、とにかく意図的に市場行動を斉一化させたと言えるか否かである。競争当局から見て、被疑違反者が行

動を斉一化させたことに疑いはほとんどないが、実際に斉一化させたという
証拠もほとんどない、という場合もあり得る。減免制度によって十分な証拠
を得ることができる場合もあるかもしれないが、そうでない場合、競争当局
は、価格変動の推移など、合意を窺わせる状況証拠に頼るほかはなくなるか
もしれない。しかし、裁判所は、そのような状況証拠では十分でないと判断
することが多い。

　重要とみられる資料が、カルテル合意を立件しようとする競争当局の法域
から見て域外に存在する場合には、ハードルが高くなる。カルテルをしよう
とする者が、カルテルに対する法執行が少ないか皆無である法域にわざわざ
出かけてカルテル合意をする理由の１つは、これである。そのような者らは、
特に、米国を避ける。米国外で会うことによって、米国反トラスト法から逃
れようとすることが多い。米国法は、カルテルの責任者と考えられる個人に
実刑を含む刑罰を科すからである。他の法域の競争法は、いかに厳しくとも
そこまでではない。

(c) 法的措置とそのコスト

　競争当局は、通常、水平的合意と垂直的合意に共通して同じ法的措置を取
り得るが、法的措置の便益とコストは、水平的合意に対する法的措置（以下
で述べる）と、垂直的合意に対する法的措置（後記２で述べる）とで、大きく
異なることが多い。

禁止命令と課徴金

　法律は通常、反競争的な合意を禁止し、違反行為について課徴金を課す。
多くの法域で、課徴金は最も広く用いられている。カルテル合意があると、
通常、他の違反類型よりも課徴金額が高くなる。これは、カルテル合意によ
って弊害が生ずることは多くの場合は明らかであり、カルテル参加者はカル
テル合意が違反であることを知っているからである。

契約無効

　合意が反競争的であると認定されると、通常、合意は無効であって裁判上
主張できないものとなる。このこと自体も、カルテルをすることに対する大
きな抑止効果を持つ。

刑　罰

　少数の法域ではあるが、カルテル合意について、実刑を含む刑罰を用意し

ているところもある。刑罰の対象は、合意責任者である個人であり、意図して違反行為を行ったことが要件である。刑罰は、米国反トラスト法では重要な抑止手段であると考えられているが、米国以外では頻度は少ない。一般的に、刑罰は、水平的合意であって「裸の」もの、すなわち、合意参加者に利益をもたらすこと以外に何らの機能もないもの、に限って適用される。

（d）抑止効果

カルテル合意の弊害については広く知られているので、競争当局は、カルテル合意に対してあらゆる法的措置をとるインセンティブを持つ。しかし、そのような努力にもかかわらず、カルテル参加者にとっての利得の誘惑はなお大きいため、カルテルは後を絶たない。法執行の努力をすればするほど、カルテル参加者にとってはカルテル合意を隠すインセンティブが増す。

1.6　カルテル規制の国際比較

カルテルは有害であるという考え方それ自体においては世界のカルテル規制者の利害は一致するのであるが、どれほど熱心に立件するかという点では差がある。経済的弊害に主に重点を置く法域では、カルテル規制は法執行の中心に据えられる。その主な理由は、弊害の存在が明らかであり経済学的な計測も自信を持って示せるからである。経済的弊害以外の弊害に競争法の重点がある場合には、カルテルに対する法執行は競争法の中心ではなくなるかもしれない。例えば、新興成長経済圏の法域では、当局は、域内企業の利益を考慮しなければならず、その結果として、カルテル規制よりも単独行為規制や企業結合規制に重点を置くようになるかもしれない。このような観点から、多くの種類の水平的合意、特に域内の中小企業による水平的合意について、公式または非公式の適用除外が行われるに至る場合もある。

2　競争関係にない者による合意（垂直的合意）

2013 年 8 月、上海市高級人民法院は、ジョンソン・エンド・ジョンソン医療器材（上海）とジョンソン・エンド・ジョンソン医療器材（中国）（以下、これらを総称して「ジョンソン・エンド・ジョンソン」という）が行った合意が競争を制限したと認定し、当該合意が中国独占禁止法 14 条に違反する独占的合意に該

当するとした。具体的には、その合意は、ジョンソン・エンド・ジョンソンの医療機器の販売業者の 1 つである、レインボーこと北京鋭邦湧和科貿に対して、ジョンソン・エンド・ジョンソンの商品をジョンソン・エンド・ジョンソンが指定した地域の外で売ることを禁止し、ジョンソン・エンド・ジョンソンが指定した価格よりも安く売ることを禁止していた。これは、「再販売価格拘束」または「垂直的価格協定」と呼ばれるものである。中国独占禁止法の文言だけを見ると、そのような合意は「当然」違反であるようにも見えるが、裁判所は、弊害の分析をすることなく本件合意を違反とするのは適切でないとした。そこで裁判所は、合意が競争に与えた影響を検討し、ジョンソン・エンド・ジョンソンには価格を左右するだけの市場支配力があり、合意による反競争的弊害は競争促進効果を上回る、という結論に至った。そこで、本件合意は違反とされた[2]。

　米国に本拠のある多国籍メーカーが、自社商品を中国で販売したいと考え、中国に子会社を設立する方法を選択する。その多国籍メーカーのグループは、グループから商品を仕入れた流通業者が製品をどこで売るか、どのような価格で売るかを、コントロールしたいと考える。このようなことは、1 つの国のなかでも、グローバルにでも、極めてよく行われる。それによる弊害は何であろうか。これから見ていくように、いくつかの法域の競争法では、そのような合意は弊害をもたらすと考えるのが通常であるが、他の法域ではそうではない。そのような違いは、なぜ生ずるのであろうか。裁判所による市場支配力の分析は、そのことに関係があるのであろうか。それは、その法域の競争法が何に注目しているかに関係しているのであろうか。もし、法的な関心の重点が販売業者の競争の自由を制限したかどうかに向けられるのであれば、答えはもちろん「制限した」であろう。表向きの法目的が、競争の自由を制限する行為を禁止することにあるのであれば、それだけで違反となる。しかし、もし、問題が、合意によって需要者に対する商品価格が上昇したか否かに向けられるのであれば、答えはそれほど簡単ではない。その場合には、合意が需要者に与えた影響を分析する必要が生ずる。需要者に影響が生じたか否かは、価格をコントロールしようとした企業に市場支配力があるか否かによって左右される。あなたは、域外企業を支配することの多い企業が所在する大きくて豊かな国の競争法が、外資に依存する小国の競争法と比べて、この種の合意に多少なりとも関心を持つと思うか。それともそうは思わないか。その答えの理由は何か。

---

2)　Beijing Ruibang Yonghe Kemao Youian Gongsi Su Qiangsheng (Shanghai) Yiliao Qicai Youxian Gongsi Deng Zongxiang Longduan Xieyi Jiufen An [Beijing Ruibang Yonghe Equipment Technology & Trading Co. Ltd. ("Rainbow") v. Johnson & Johnson (Shanghai) Medical Equipment Co. Ltd. et al.] (Shanghai High People's Ct. August 1, 2013) CLI.C.6234448 (Lawinfochina).

　垂直的な関係しかない複数の企業（例えば、メーカーと、流通やマーケティングの義務を負う企業）による合意は、競争に弊害をもたらす場合があり得るが、しかし、そのような合意に対する法的な捉え方、弊害に関する考え方、対応の仕方、などは、法域によって明確に異なっている。活発に取締りを行う法域もあるが、ほとんど注意を払わない法域もある。この違いは、境界を越えた事業を行う企業にとって不確実性とコストをもたらす大きな原因となり、誤解や失敗や紛争の原因となることが多い。

　垂直的合意は、合意当事者の一方または双方の競争の自由を制限するが、水平的合意と異なり、垂直的合意の場合には合意当事者らは競争関係にない。これらの複数の合意当事者は、特定の商品・役務が生産者から需要者に届く過程において異なる機能を果たす。

　そのような合意は、合意当事者の一方または両方の競争の自由を制限するので、ブランド内競争を制限するかもしれない。ブランド内競争とは、同じ1つのブランドのなかで行われる競争のことである。

　他方で、そのような合意は、あるブランドと他のブランドとの競争、すなわちブランド間競争に影響を与えるとは限らない。そして、ブランド間競争こそが、需要者に対する価格が上がるか下がるかに関係する。したがって、もし競争法が、合意が需要者に与える影響のみに注目するのであれば、合意の一方当事者が拘束を受けたことそれ自体は問題ではないことになるかもしれない。

　以下では、ブランド内競争とブランド間競争とが何を意味し、その違いがなぜ重要なのかを見ていく。

2.1　垂直的合意は、なぜ、どのようにして行われるのか

　垂直的合意の典型的なイメージは、メーカーが自社商品を流通業者に売り、流通業者によるその商品の販売（メーカーから見れば再販売ということになる）について流通業者の義務を定める、というものである。例えば、合意により、流通業者はメーカーが指定した価格で売らなければならないということになっているかもしれないし（「再販売価格拘束」）、指定した地域のみで売らなければならない、指定した顧客層のみに売らなければならない、といったことになっているかもしれない。このことが、その商品に関する流通業者間の競争を制限するかもしれない。あるいは、流通業者は、商品の購入者に対し特

定の役務（例、修理）を提供しなければならないということになっているかもしれない。

　このような合意は、メーカーが自ら流通・販売をしない場合でも、商品がどのように流通し販売されるかについてメーカーが一定程度の支配をすることを可能とする。メーカーは、商品を流通させる拠点を自ら所有することなく、経済的な機能を自らのもとに統合し、コスト削減の利益を享受することができる。つまり、流通拠点を全て所有するという方法で流通機能を統合する（所有権による統合）のでなく、他人である流通業者と契約し垂直的合意をすることによって流通機能を統合しているのである。その対価として、流通業者は、その商品を売る権利を得て、多くの場合はメーカーからの支援も受けることができる。合意は、両当事者に価値をもたらす。

　垂直的合意は、所有権による統合をするには障害がある場合に特によく行われる。例えば、資本を得る機会が限られている場合、多数の機能を自前で回すだけのリソースがメーカーになく、また、所有権を通じて統合するだけの資金をメーカーが得ることができないことがある。契約による統合という選択肢は、それらの機能を統合し利益を高める方法となり、経済発展を促進するかもしれない。

　所有権による統合には障害があるという現象は、19世期終盤に欧州、米国、日本で現代的な巨大企業が出現するまでは、ほとんどどこにおいても見られた。しかし、資本を得る機会が増加し、通信と交通の技術が発展し、法的・政治的な環境が変化すると、所有権による統合に対する障害が減少した国も現れ、垂直的合意の問題性は相対的に影を潜めることとなった。そのような法域では、競争法の関心が垂直的合意から離れていく。米国がその例である。しかし、新興成長経済圏の法域や小規模市場の法域においては、垂直的合意がもたらす弊害への懸念は依然として強いことが多く、そのような法域では、相対的に小さな企業の競争の自由に制限を加える行為は、メーカーや大規模流通業者に過度の影響力を与えるものと受け止められることが多い。それはまた、政治的に注意を要する問題であることが多く、それが域外からの影響力や階層分断などを意味する場合には特にそうである。

　グローバル化により、垂直的合意の両当事者が異なる国に所在することが多くなるので、問題はさらに複雑なものとなる。例えば、A 国の企業が部品を供給し、B 国の企業が製品を製造し、C 国の企業が流通の企画をし、D 国

の企業が製品を最終消費者に売る、という場合があるかもしれない。これが、グローバルなサプライチェーン（バリューチェーン）である。そのようなものは、グローバル経済における重要な現象となっており、競争法に新たな問題を突き付けている。もし、仮想事例として、上の例の B 国のメーカーが C 国の流通業者の行為を支配する垂直的合意をした、という場合を考えると、その合意が、C 国の競争法に違反し、B 国や D 国の競争法には違反しない、ということがあるかもしれない。そこでは、不確実性が起き、混乱が生じ、努力が無駄になるかもしれない。新興成長経済圏の法域の政府は、この仮想事例がもたらすような問題に極めて敏感である場合がある。しかし、そのような問題に対応する法的枠組みは、いまだ確立していない。

　上記の仮想事例は、垂直的合意に関係する法規範をめぐる中心的課題を浮き彫りにする。そこでは、大企業と小企業、メーカーと流通業者、そして異なる国の複数の競争法、の間で摩擦が起こる可能性がある。メーカーは、自社商品の流通・販売をコントロールしたいと思うのが通常であり、同時に、コントロールを受ける側は、そのようなコントロールから可能な限り自由でいたいと考えるのが通常である。競争法は、そのような利害対立の調整にも用いられることが多いが、調整は可能なのか、どのようにすれば可能なのか、ということについて、意見が一致しているとは言えない。

2.2　どこに弊害を見出すか

　垂直的合意のどこに弊害を見出すかという問題は、複雑で、不確かであり、また、意見対立も多い。垂直的合意によって弊害が起こることは極めて稀だという者もいれば、市場に対する大きな脅威となり、場合によっては社会に対する大きな脅威ともなる、と考える者もいる。それらの者がどのような検討手法を用いるのかを知れば、これらの意見対立を理解するのに役立つ。

（a）経済的影響

　垂直的合意の経済的影響は、見極めが難しいことが多い。合意がどの範囲の競争を対象としているか、関係する各市場の構造、各市場における合意参加者の相対的地位、などの多数の要素に応じて、結論が変わるからである。例えば、仮にメーカーが自らの市場において支配的地位を持つ場合に、そのメーカーが、各流通業者との流通契約において、それぞれ、商品を特定の価

格で売るように求めているとすれば、そのような合意はどこかの市場におい
て価格競争を失わせるかもしれない。しかし、もし、メーカーに支配的地位
がないならば、そのような合意は、ほとんど、または、全く、影響をもたら
さないかもしれない。経済分析は、そこのところの影響の有無を判断しなけ
ればならない。この複雑さと不確かさがあるために、経済分析に依拠して判
断することにしている法域では、垂直的合意による弊害を認定することに慎
重となる。特定の類型の行為をおよそ違反であると決め付けることには、意
味がないことが多い。同じ類型の行為が、ある事案では弊害をもたらし、別
の事案ではもたらさない、ということがあり得るからである。技術革新や経
済発展に対する影響も、同様に、いや、さらに、不確かである。

(b) 経済的自由への影響

　経済的自由への影響を重視する法目的論をとるなら、垂直的合意は常に弊
害をもたらすと言えるかもしれない。垂直的合意は必然的に、一方または両
方の当事者の競争の自由を制限するからである。しかし、この考え方を実際
に用いようとすると、多くのハードルに直面する。ある制限が「違反と言え
るほど十分に」経済的自由を制限したと言えるか、正当化理由はないか、と
いった点に明確な答えを出せないからである。

(c) 社会的・政治的な影響

　垂直的合意は、支配というものを伴う。通常、大きなメーカーは、小さな
卸売業者や小売業者を支配する。小さな企業は、大きなメーカーが示す枠組
みに形の上では同意するかもしれないが、しかし、力の格差があるので、そ
の内容は、小さくて経済的に弱い卸売業者や小売業者に対して不公正なもの
であるかもしれない。支配する側が高所得の国に所在し、支配される側が新
興成長経済圏の法域に所在する場合には、力の格差に対する懸念は強まる。
そのため、新興成長経済圏の法域の競争当局の担当官は、そのような合意に
目を光らせるようになる。この問題は、本書では、力のある企業の単独行為
を取り扱う第 6 章で改めて取り上げる。

2.3　具体的にはどのような行為を禁止するか

　水平的合意と垂直的合意を区別せず同一の条文で規定した競争法典を持つ

法域は多い。そのような競争法典は、同じ一般的な文言で、両方を表現している。そのため、混乱も生ずる。例えば、実は水平的合意のみに関係する論点であるにもかかわらず、誤って垂直的合意の議論で持ち出される、といったことがあり得る。両方が同居することによって議論や判決に影響が生じている場合に、それに気づくことは、有益であることが多い。

　他方で、特定の類型の垂直的合意を違反行為として特に掲げた競争法典を持つ法域もまた、多い。典型的な例は、再販売価格拘束、抱き合わせ（ある商品を購入する際に別の商品をあわせて購入するよう求める行為）、排他的取引（一方当事者が他方当事者とのみ取引するよう求める行為）、販売地域制限等（卸売業者や小売業者に担当地域を割り当てたり担当顧客を割り当てたりする行為）、である。そのような規定を置くことで、企業に対して明確な指針を与え、裁判所や競争当局が法定の基準に基づいて法律を適用することができるようになる。このような規定を持つ競争法は新興成長経済圏の法域によく見られる。そのような法域では、詳細な分析をするだけのコストを競争当局が賄うことができず、また、域外企業は何をすべきでないかを域外企業に対して明確にすることに意義があると多くの人々が考えているからである。

　しかし、既に見たように、そのような規定を置くと、反競争的弊害が全くない合意を禁止してしまうことにもなる。その結果、競争当局や裁判所は、法律だけを見れば一律に禁止されているようであるにもかかわらず、合意が影響をもたらしているか否かを検討する（この節の冒頭で見た中国の事例がそうであった）。そのようにして、法律に定められた一律の禁止は、実際には、禁止規定としては機能していない可能性がある。表向きの基準を乗り越えて、実態を見ることが重要である。

2.4　問題の行為の探知と立証

　垂直的合意は当然のように行われているので、多くのものは競争当局に気づかれないままとなる。ほとんどのものは、あまり重要でなく、法執行をする側の注意を惹くこともない。合意が法律の特定の条文に違反している場合、いくつかの法域では競争当局に立件義務が発生するのであるが、そうでない法域では、立件することがもたらす競争当局のコストや他の企業への抑止効果を頭に入れつつ、垂直的合意がもたらす弊害の大きさが判断される。

2.5　立件するか否か——法的措置のメニューとコスト

垂直的合意を立件する際の法的措置のメニューは、基本的には水平的合意の場合と同じである。課徴金が課されることは、よくある。他方、刑罰は実際には決してないと言ってよい。そのような合意が違反となることを行為者が知らないことが多いからである。私的な法執行が可能な法域では、垂直的合意は頻出類型であることが多い。垂直的合意は依存関係を作り出しやすいので、もしメーカーが契約を解約したら、流通業者にとっては壊滅的であり、解約によって生ずる損害に着目してメーカーを訴える結果となることが多い。そのような紛争においては、競争法の論点が焦点となることが多い。

垂直的合意に関する基準が、明確で、現にそのとおりに法執行されている場合には、抑止効果は大きくなる。

逆に、影響が生ずる場合のみ違反とする、という手法が採用されている法域では、不確実性やコストが高まり、競争当局による法執行も私的な法執行も、低調となりやすい。

2.6　世界的に見られる 2 つのパターンとそれらの相互作用

垂直的合意についての世界の状況は、明確な対立によって彩られている。

第 1 のグループの法域では、少なくとも一定程度において、特定の行為類型を一律に違反とする規定を持っている。競争当局や裁判所は、伝統的な法的検討手法を用いて、そのような規定を適用する。行為類型に該当するか否かだけを重視するこのような手法は、相対的に低コストで済むので、競争当局のリソースが限定されている法域においては魅力的なものとなる。そのような手法は、予見可能性を重視する向きや、競争法の法執行を強化するべきであるとする向きにも、評判がよい。

第 2 のグループの法域では、合意が競争に弊害をもたらすか否かを決する際に経済分析を重視する手法が採用される。このグループに属する法域では、行為類型に該当するか否かを重視する手法を採用すると法執行が過大となることが強調され、予見可能性の必要性はあまり重視されない。米国反トラスト法はこの考え方に立っており、その信奉者は他の法域でもこの考え方を採用するよう主張することが多い。

いずれの手法も、歴史的要素、経済政策への配慮、政治的圧力、などを総

合した考慮を反映している。また、いずれの手法も、特定の国々に対して利益や害悪をもたらすというだけでなく、特定の集団に対しても利益や害悪をもたらす。このような手法の違いが現れる背景には、経済分析をさらに行いたいと考える傾向のある「高所得の」国々と、リソースが少なく特定の行為類型を一律に禁止する文言に大きく依拠する国々との間の、力や富の格差がある。このような力関係を理解することは、複雑な国際的図式を把握するために極めて有用である。

第6章 — 支配的地位にある企業の単独行為

　欧州委員会は、2017年、Googleが、EUの条約であるEU機能条約（TFEU）の102条と欧州経済領域協定（EEA協定）の54条に違反したという結論に至った。Googleが、インターネット上の全てを対象とする検索の検索結果ページにおいて、自社の価格比較サービスのほうを、競争関係にある他の価格比較サービスよりも、有利な形で表示した、という行為についてである。TFEU102条は企業が支配的地位を濫用することを禁止している。欧州委員会は、まず、Googleが102条にいう支配的地位を持つと認定した。そしてさらに、Googleが、インターネット上の利用者による閲覧行動を競争関係にある価格比較サービスから自社の価格比較サービスへと振り向ける行為によって、13の加盟国ごとの市場において支配的地位を濫用した、と認定した[1]。欧州委員会は、そのような行為が需要者にどのような影響を与えたかを詳細に経済分析したわけではない。

　対照的に、米国の第10巡回区連邦控訴審裁判所は、Microsoftの事件において経済分析を行った。裁判所の結論は以下のとおりである。Microsoftは、インテル互換パソコンのOSについて第1位である。Microsoftは、自社のOSであるWindows上の便利な機能である「ネームスペース」について、当初はどのようなアプリについても利用可能としていたにもかかわらず、ある時から、サードパーティのソフトウェア開発会社のアプリについては、利用できないようにした。裁判所は、この行為について、シャーマン法2条の反競争的行為に該当しないという結論に至った[2]。その際、裁判所は、Microsoftが短期的な利益を犠牲にしたり異常に競争を害したりしようとしたという立証を可能とする証拠はない、という認定を主な根拠とした。

　いずれの事例においても、単独の企業の単独の行為が競争法の規定に違反するかどうかが問題となった。EUの決定は、力の濫用という考え方に基づいている。欧州委員会は、Googleはその力を使って競争を歪曲し妨害して自らの利

---

1) European Commission Decision（June 27, 2017）CASE AT.39740 *Google Search（Shopping）*.
2) Novell, Inc. v. Microsoft Corp., 731 F. 3d 1064（10th Cir. 2013）.

益とした、と認定した。米国の事例では、裁判所は、Microsoft の行為が経済的に正常なものとして説明できるかどうかに重点を置いたうえで、Microsoft の行為は異常なものではなく、「独占行為（monopolization）」を禁止する米国法に違反しない、という結論に至った。この２つの異なる見方は、世界の競争法において重要な役割を担っている。異なる法域の競争法の間に、なぜそのような違いが存在するのか。歴史による違いか。政治による違いか。イデオロギーによる違いか。グローバルマーケットのなかでの自らの法域の経済の状況による違いか。以上の全てが総合してもたらす違いか。競争法においては、一般的に、単独の企業による行為は特に分析が難しいと考えられている。なぜであろうか。

　上記のいずれの事例においても、単独の企業の単独の行為が問題となっている。もし企業が、ある市場において、十分な存在感すなわち「力」を持っているならば、競争者を排除したり競争者が力を発揮できないようにさせることによって、競争を大きく損なわせることができる。このような場合、弊害は、特定の１つの合意によってもたらされるのではなく（第５章参照）、単独の企業の行為によってもたらされる。ほとんどの法域の競争法は、この種の行為を規制対象として掲げてはいるが、実際に事件をどのように取り上げているかというと、様々なパターンがあり、どの法域も、単独行為にどのようにうまく対応するかについて、苦心している。

　競争法のうち単独行為規制は、論争をもたらし、政治的にも難しい場合が多い。通常、大企業が問題となり、そのような大企業は政治的な影響力も持っている場合が多い。そのような大企業の力は、大企業自身が想像しているかどうかは別として、恐れや憤りや妬みなどの原因となることが多く、そのせいで、競争法を使ってそのような大企業と戦おうとする方向に拍車がかかることになる。単独行為規制の分野は、公共の利益と私的経済力との間の摩擦を象徴し、可視化する。また、それは、格差、政治的自由、民主主義、といった社会的・政治的問題にも関係する。

　以上のような緊張関係に加え、グローバル化がさらに問題を多層的なものとする。支配的企業は、通常、米国や欧州などの高所得国に本拠があり、支配的企業の行為による弊害は、貧しく弱い国の企業や消費者のほうで起こる。資金を得る手段がますます特定の企業に集中し、大企業がリアル市場でもデジタル市場でも影響力を拡大するようになって、貧しい国の政府は、弊害が起こらないような方法を模索してきた。

1　検討の出発点としての力

　単独行為の分析は、ある市場において支配的な力を持っていない企業が行っても弊害をもたらさないような行為であっても、影響力を持つ支配的企業が行ったならば弊害をもたらす、という考え方から出発する。例えば、もし市場シェア 1％の企業が生産コスト未満の価格で商品を売っても、市場の他の部分に影響を与えることがないので、そのような低価格はおそらく競争法の問題とならない。他方で、市場シェア 85％の企業が同様の行為を行ったならば、競争者を市場から駆逐したり、新規参入者が市場に参入するのをやめさせることに繋がるかもしれない。

　企業が市場の機能に対して単独で影響を与えるだけの十分に大きな市場シェアを持つ場合には、そのような企業は「支配的である」とか「市場支配力を持つ」などとされる。このような力があるため、そのような企業は、競争のもとで自己の選択肢を限定されている他の企業にはできない行為（少なくとも、赤字覚悟でなければできない行為）を行うことが可能となっている。重要なことに、そのような力があるかどうかの判断は、特定の市場に結びつけて検討して初めて意味を持つ。そこで、どの法域においても、競争法では、検討対象市場を「画定」する必要がある。

2　市場画定

　市場画定は、企業の力を測定するための基盤となる。市場画定は単独行為を分析する際の中心論点であり、訴訟では大きな争点となる。原告は狭く市場画定しようとし、被告は逆を目指す。市場が広ければ広いほど、個々の企業の市場シェアは小さくなり、影響力は小さいということになる。例えば、男性用革靴の製造業者が男性用革靴の市場で支配的地位に立てるほどの十分大きな市場シェアを持っていたとしても、もし、検討対象市場として全ての靴を含む市場が画定されるならば、その製造業者の市場シェアは非常に小さくなり、市場での影響力を持つとは言えなくなるであろう。

　市場画定をする目的は、どの企業とどの企業が競争しているかを見極めることである。市場は、地理的観点から画定されることがある。例えば、10

マイル離れた 2 つの店は同じ客に向けて競争しているだろうか。もし、競争していると言えるなら、2 つの店は地理的観点から見て同じ市場のなかにいるとされる。市場は、商品や役務の観点から画定されることもある。商品 A は、商品 B と、同じ客について競争しているであろうか。競争していると言えるなら、商品 A と商品 B は商品の範囲の観点から見て同じ市場のなかにある。事例によっては、用途に着目して市場画定がされることもある。商品の特定の用途だけに着目して、企業と企業が競争しているか否かを検討するのである。

　市場画定には、万能の決まった方法はないが、基本的考え方は、ある企業の市場における行為が他の企業の行為に影響を与えるならば、それらの企業は競争している、ということである。どの法域の競争法も、検討対象市場の範囲を画定するために様々な指標を用いる。商品 A の価格が変化したら商品 B に対する需要はどうなるか。商品 A の価格が変化しても商品 B に対する需要が変化しないなら、商品 A を供給する企業と商品 B を供給する企業は、多分、競争関係にはない。商品 A の購入を検討する者は、商品 B への切替えは検討していない、ということだからである。逆に、商品 A の価格が上昇した場合に商品 B に対する需要が高まるのであれば、需要者が商品 A の価格上昇に反応して商品 B に切り替えているという証拠であるから、商品 A と商品 B は同じ市場にある。現実はそれほど単純ではないが、競争法の基本を理解しようという本書の目的に照らせば、以上のような解説で十分である*）。

　上記のような市場画定を行う方法として、基本的なものは 3 通りある。第 1 は、需要者にアンケートをするという方法である。例えば、「もし商品 A の価格が一定割合で上昇したならば、あなたは商品 A から商品 B に乗り換えますか」と尋ねる。第 2 は、過去の似た状況について分析し、将来どのようになりそうかを予測する方法である。第 3 は、経済学的モデルを用いて需要者のインセンティブを推測する方法である。3 つの方法は、それぞれ、分析に要するコストが異なる。コストの大小に応じて、競争当局や裁判所がどの方法を用いるかが決まる。個々の方法は不完全なものであるので、複数の方法が併用されて市場画定がされることもある。問題の行為が過去または現

---

*）　原著のこの段落においては A と B が逆となっているが、次の段落における原著の A・B の使い方と一貫させるため、日本語訳においてはこの段落の A と B を入れ替えた。

在のものであるならば、関係するデータは合理的に信頼できると受け止められるのが通常である。第7章で見る企業結合審査のように行為が将来において影響をもたらすか否かが問題とされる場合には、データの信頼性は相対的には下がる。市場は急速に変化することが多く、そうなると、過去の状況を分析しても将来の状況を予測するのに役立たなくなるからである。

　市場画定は、大きな精神的ストレスをもたらす作業である。多くの弁護士、行政官、裁判官が、不確かで多くの場合に恣意的ともなる市場画定に対してストレスを抱えている。市場画定は、どのような方法を用いても、どうしても不正確となる。多くの要素が需要者の行動に影響を及ぼすからである。したがって、判断権者がどのような市場画定をするか、第三者が予測するのは難しい。経験豊富な実務家は、特定の競争当局や裁判所が直近の過去においてどのような要素を重要と考えたかを研究し、将来の事例でその競争当局や裁判所がどのような判断をするかの予想の基礎資料とすることが多い。

3　支配的地位と独占力

　力の大きさを判定するための第1の指標として、通常、市場シェアが用いられる。市場シェアは、市場における全ての販売のなかで特定の供給者の販売が占めるパーセンテージによって示される。市場シェアがどのくらいあれば支配的地位があるとされるかは、法域によって、また、事案によって、様々に異なる。例えば南アフリカ共和国のように、支配的地位があるとされる市場シェアのパーセンテージを特定している法域もある。しかし他の法域では必要な市場シェアについては柔軟である。いくつかの法域では60％が必要であるとされるが、他の法域ではずっと低い水準でも支配的地位があるとされる可能性がある。重要なのは、市場の構造、すなわち、他の供給者の市場シェアがどのようになっているか、である。例えば、30％の市場シェアを持つ3社がいる場合、高度に集中が進んだ市場であるとは言えるが、3社が熾烈に競争し、どの企業も価格支配力を持っていない、ということがあり得る。それに対し、30％の市場シェアを持つ企業が1社のみ存在し、他のどの企業の市場シェアも2％以下であれば、30％の市場シェアは市場を支配するのに十分であるかもしれない。いくつかの法域の競争当局は、どのようにして支配的地位を認定するかに関するガイドラインを公表している。例えば

インドのように、企業の社会的責任やコストを考慮して支配的地位の認定を行う、としている法域もある。

4 排除行為——多くの法域で共通して問題とされる単独行為

力を持っているだけで違反とする競争法は、ほとんどない。力を持っていることに加え、一定の類型の行為があって初めて、違反となる。既に見たように、その法域の競争法の法目的が何であるかによって、どのような行為類型を対象とするのかが決まる。経済的な法目的が中心である法域では、通常、その行為が排除効果を持つかどうかに関心が注がれる。政治的・社会的な法目的を考慮する法域では、経済的自由や所得格差への影響などが考慮されることが多い。

排除効果を持つ行為があると認定されるのは、支配的地位を持つ企業が競争者を市場から排除したり、競争者の能力に制約をかけて競争者が効果的に競争できないようにしたりしている場合である。例えば、力を用いて競争者の供給の仕組みを妨害し、供給者のコストを高めて競争力を減少させる、という場合である。ある行為によって価格が競争価格より高くなったか否か、あるいは類似の他の影響を市場競争に与えたか、を判定するために、経済分析が用いられる。

排除行為の類型としては、例えば、略奪的価格設定、ボイコット、取引拒絶、複数の商品の抱き合わせ、などがある。

略奪的価格設定を例に取れば、いくつかの論点が浮き彫りになる。支配的地位にある企業が、競争者を市場から追い出したり、競争者の競争意欲や競争能力を減少させたり、新規参入者が市場に参入するの抑止したりするために、生産コストを下回る水準まで価格を下げるならば、そのせいで競争が減少することがある。これが、略奪的価格設定と呼ばれるものであり、ほとんどの法域の競争法に違反する。

そこには、競争法がそのような行為を放置すれば以下のようになってしまう、という基本的な考え方がある。すなわち、支配的地位にある企業は市場において十分に強い地位を持っているので、コスト割れ廉売によって目先の損失を生じてでも長い目で見て反競争的な利得を得ることができるようにしたいと考える。このような行為は、そのような企業の立場から見れば、正常

であり、競争戦略として効果的である。しかし、弱い企業は、この戦略を効果的に実施することができない。そのような企業がコスト割れの価格を設定したならば、単にお金を失うだけに終わるからである。

　一般に、コスト割れである場合に略奪的であるとされるのであるが、そこにおけるコストの基準については、法域によって違いがある。平均可変費用だとする法域もあれば、平均総費用だとする法域もある。そうかと思えば、コスト割れ以外の他の要素を加味して分析する法域もある。例えば、米国では、一般論として裁判所は、支配的地位にある企業がコスト割れ廉売による短期的な損失を長期的に埋め合わせることができるという正常な期待を持っている場合に限って違反とする、という考え方を採用している。

　略奪的価格設定だけでなく一般的にどの単独行為にも当てはまることであるが、1つの重要な問題は、反競争的行為と認定される可能性のある行為というものは、全体としての事業計画のなかに埋め込まれたり事業計画の他の要素と一緒に織り上げられたりしている、ということである。この点が、有害な行為だけを確信を持って取り出して問題にしたり、その部分だけがもたらす弊害を測定したりすることを、困難にしている。さらに、企業が独占力を持っていない場合には競争法のもとで許容される行為が、その企業が支配的地位を得ると違反行為となる場合があり、したがって、有害な行為がいつ始まりいつ終わったかということも明確ではない場合があるということになる。例えば、Microsoft は、ソフトウェアを無料で配ることからその事業を始めた。そのような行為は、同社が独占力を持っていなかったために反トラスト法の問題をもたらさなかったが、同社が独占力を得た後においては、違反となり得るものとなった。

5　排除行為をどのように呼ぶかの違い

　米国や若干の数の他の国では、支配的地位にある企業の行為が弊害をもたらす場合に「独占行為（monopolization）」という言葉を用いるが、それに対して、欧州などの法域では通常、「支配的地位濫用（abuse of a dominant position）」という言葉を用いる*）。2つの用語が並立しているため、混乱や不安

）　"a dominant position" を「優越的地位」と訳すと、特に日本の状況や文脈に照らせば、誤訳と受け止められる可能性が高い。詳しくは、87 頁訳者注）。

をもたらすことがあるが、この２つのラベルは単独企業による反競争的行為という同一の違反行為類型を指しているのであるということに留意する必要がある。

（a）独占行為

　米国のシャーマン法２条は「独占行為」を禁止する（第8章）。基本的な考え方は、独占力を持つ企業が市場支配を形成したり強化したりするために競争者や潜在的競争者を排除したり妨害したりするとき、これを「独占行為」と呼ぶというものである。しかし、100年前後の時を経ても、その文言を解釈する裁判所の判決によって上記以上にルールが明確化することはほとんどなかった。このことが、この呼称が他のほとんどの法域に選ばれなかった理由の１つであるかもしれない。

（b）支配的地位濫用

　単独行為を問題にする場合、ほとんどの法域が、この呼称を採用している。こちらのほうが、「独占行為」と比べると、（1）支配的地位を持つ企業にだけ適用される、（2）支配的地位の「濫用」と言える行為のみに適用される、という２点を明確に表現している。

6　搾取行為──全ての法域で問題とされるわけではない単独行為

　単独企業による支配的地位の濫用行為の第１類型が排除行為であるとして、濫用行為の第２類型は、需要者からの搾取行為である。多くの法域で、搾取行為に対する規制が取り入れられているが、米国などいくつかの法域では、取り入れられていない。搾取行為は、企業が、その支配的地位によって、競争がある場合よりも多くのものを需要者から搾り取ること、典型的には、競争価格よりも高い価格を設定する行為を指す。支配的地位が、ここでは、需要者から「搾取する」ことに用いられている。この概念は、最初は、20世紀初期のドイツの競争法において用いられたが、現在では、欧州やラテンアメリカ、その他の法域に広まっている。

　搾取型濫用の概念は、政治的に魅力的なものと映ることが多い。価格を下げるために競争法を使う、という考え方は、特にインフレが大きな課題であ

る法域において、政治的支持の源となることが多い。搾取型濫用の概念は、支配的地位にある企業の力の脅威を直接的に問題とするものであり、力のある企業とその力に従属する者との間の摩擦を鮮やかに描くものである。

　しかし、主に次の2つの大きな問題があるため、競争当局の官僚は、搾取型濫用の考え方を実際の事例に適用することにそれほど大きな魅力を感じていない。

　第1に、価格が競争価格を超えていることが違反要件となるわけであるが、競争価格とはどのくらいか、今後どのくらいとなりそうか、の判断は、推測に頼るほかはないため、争われた場合に反論するのが難しい。

　第2に、濫用行為と認定するためには企業の価格がどれほど高ければよいのか、競争価格よりも2%高ければよいのか、5%高ければよいのか、という点について、明確で一貫した基準がない。この点に関する考え方を明らかにしようとする多くの努力が行われているが、広く受け入れられるような考え方は、皆無に近い。

　以上のことの結果として、搾取型濫用という類型は批判の対象となることが多い。どうしても判断が裁量的・恣意的にならざるを得ず、価格統制を別の名前で行っているだけではないか、と批判される。特に米国においてはそうである。競争当局や裁判所が厳密な法的判断基準を置いている法域では、立証が難しいので、この類型は実際にはほとんど適用されていない。ただ、競争当局が、大企業に脅しを与えて価格を下げるよう誘導する手段に用いることはある。例えば、欧州でガソリンスタンドに対して搾取型濫用規制が適用される場合がある。搾取型濫用の類型は、競争法とビッグデータの議論において大きな問題となっている（第12章参照）。

7　単独行為の立件

　この分野は内容が不確実であるため、単独行為の事案を実際に立件するという決断は、リスクを伴い、また、大きな損失をもたらすことがある。その結果として、競争当局による法執行は通常は限られた数となり、民間の原告による私的な法執行は稀である。課徴金が、通常、実際に利用できる唯一の武器であるが、しかし、課徴金の額の算定は極めて不確実であり争われやすい。刑罰は、用いられない。不確実な基準に企業を縛り付けるのは不公正で

あり、そのようなことをすると法域によっては憲法に違反するほどであるからである。

　司法審査をする裁判所が競争当局の決定を是認する場合に競争当局が適切に弊害を立証していることを条件とする法域では、競争当局の努力は特に、覆されやすくなる。このリスクは、裁判所による司法審査が競争当局にとってさほど厳しくない法域では、小さくなる。

　政治的問題も、考慮する必要がある。競争当局の決定に明確な根拠がない場合には、競争当局は、腐敗や政治的影響などの要素に基づいて行動した、という批判に晒されることになる。そのような単独行為の事例は、巨大で有名で政治的な力の強い企業に関するものであることが多いので、競争当局に対する批判に拍車がかかり、政府のうち競争当局以外の機関からの介入を招きやすくなる。

　ある企業に対する法執行が潜在的に他の企業に対する抑止効果となるか、という点も、計測が難しい。ある市場を支配している企業は、通常は大きく、多くの場合は Google に代表されるような有名企業である。そのような企業に対して競争当局が行動を起こすと、確実に世間の注目を浴びる。このことは、他の企業に対し、類似の行為を思いとどまらせる効果を持つかもしれない。しかし、競争当局にとって、競争当局が望まない注目が向けられ、攻撃に晒される可能性もある。競争当局にとっての利害得失は、計算が難しい。

8　経済的な従属と相対的な支配力

　市場を支配していない企業であっても、自己に対する納入業者や、自己の商品を取り扱う流通業者に対して力を持つことがあり得る。

　このため、いくつかの法域の議会は、相対的な支配力の濫用による弊害を取り扱うために、支配的地位にある企業による濫用とは別個の考え方を競争法に取り入れている。この場合、弊害は、行為が市場にもたらす影響から生ずるのではなく、力のある企業に経済的に従属した単数または複数の企業に対する影響から生ずる。そのような規制を説明する基本的な考え方は、力のある企業が従属した企業に対して条件を課せば、条件を課せられた企業の競争能力を阻害し、競争が減少するかもしれない、ということである。しかし、そのような状況は単に不公正であるから規制するのである、と説明される場

合も多い。

　競争法にそのような規定があると、支配的企業に対する納入業者のように、従属している側の企業にとっては、弊害をもたらした企業に対して損害賠償を請求する法的根拠となることが多い。

　相対的な支配力という考え方は、最初にドイツに現れたが、現在では他の国、主にラテンアメリカや東アジア（例えば日本）にも広まっている[3]。米国反トラスト法には、そのような規定はない[*]。

9　国際的視野から見た分類

　グローバルな視野から見た場合、支配的企業の行為の取扱いについては、いくつかの観点からの分類が可能である。

　第 1 の分類は、内容よりも形式に関するものであり、独占行為という概念を用いる法域と支配的地位濫用という概念を用いる法域とを分けて線を引くものである。既に述べたように、そのように分類したからといって何か実質的な違いがあるわけではないが、とにかく、2 つの異なる概念が同じ問題を取り扱っていて、用語や論理の組立てが大きく異なることを知っておくことは重要である。

---

3)　このような考え方は、1957 年 7 月 27 日のドイツ競争制限禁止法 2 章 20 条（ドイツ競争制限禁止法は、その後、原著刊行までの間、1965 年、1973 年、1976 年、1980 年、1989 年、1998 年、2005 年、2013 年、2017 年に改正されている）や、日本の独占禁止法（1947 年 4 月 14 日に同年の法律第 54 号として制定された）に盛り込まれている。（訳者注：本文の記述に相当する日本の規制は、制定当初の独占禁止法には存在せず、1953 年の改正によって盛り込まれたものであるが、それでも、1957 年制定のドイツ競争制限禁止法より早い。もっとも、著者は、法典制定前からのドイツの競争法（第 9 章参照）を念頭に置いて本文を執筆し、他方で、現時点で参照されるべき立法例を挙げるために脚注 3 を執筆したのである、と推測することもできる。）

*)　著者は明示していないが文脈からわかるように、ここで言及された相対的な支配力は、前記 4 および 5 の排除行為の規制よりも、前記 6 の搾取行為の規制に結びついて登場する考え方である。日本では、欧州等の競争法における "a dominant position" に「支配的地位」という訳語を充て、他方で、日本の独禁法では相対的な支配力が存在することを立証しただけで搾取行為と同様の規制が可能であることを強調しようとして、相対的な支配力に「優越的地位」という言葉を充てる用語法が主流である。以上のことから、次の 2 つの注意点が導かれる。第 1 に、競争法の分野では、"dominant" という言葉は「支配的」と訳すのが無難であって、「優越的」と訳すと誤訳であると受け止められる可能性が高い。第 2 に、「支配的地位濫用」が排除行為と搾取行為の両方に関係する概念であるのに対して、「優越的地位濫用」は、通常は専ら、搾取行為に関係する概念として用いられる。

　第２の分類は、遥かに重要である。行為がどのような影響をもたらしているかに関する経済分析を重視する法域では、法執行は限定的となる傾向がある。影響を立証することが難しく、事件を取り上げることの不確実性が高くなりコストがかかるからである。しかし、政治的・社会的目的も考慮する法域では、確固たる予測可能な法的基盤のないまま法執行が前進することもある。

　最後に、単独行為について国としての利害がどのようになっているか、という観点からの分類が考えられる。これは、法域によって大きく異なる。力のある企業にとっての母国である資本輸出国では、単独行為には限定した注意しか払われない。逆に、経済的に脆弱であることが多い資本輸入国は、単独行為を競争法で立件しようとする強いインセンティブを持つかもしれない。多くの国では、競争法に対する政治的支援は、力のある企業の行為をどう取り扱うかということによって大きく左右される。支配的地位にある企業は、国内企業でなく外国企業であることが多い。

第7章 ── 企業結合

　General Electric と Honeywell の企業結合計画について詳細な審査が行われ
た事例において、欧州委員会は2001年、2社の巨大な米国企業、すなわち、
General Electric の完全子会社である General Electric 2000 Merger Sub, Inc.
（以下、総称して「GE」という）と Honeywell, Inc. が企業結合をして Honeywell
が GE の完全子会社になるという計画に対し、禁止命令をした。おそらく歴史
上最も大きな企業結合であるこの計画に対して、米国の競争当局は容認したが、
欧州委員会は容認せず禁止命令をした。2社が事業を行う市場を地域的なもの
から国際的なものに至るまで詳細に調査したうえで、欧州委員会は、GE は航
空機の様々なエンジンの市場において支配的地位を持ち、これらの市場や他の
市場において金融関係の影響力も持っているという結論に至った。

　欧州委員会の認定によれば、Honeywell は、いくつかの商品の市場において、
競争者の追随を許さない品揃えがあるため大きな優位性を持っていた。欧州委
員会は、この企業結合が実行されてしまうと「当事会社の事業の、水平的な重
なりと、垂直的・混合的な統合とによって、反競争的影響がもたらされる」と
した。具体的には、水平的な重なりがあるいくつかの市場において企業結合後
の当事会社の合計市場シェアが100％となり、また、世界中の他のいかなる企
業であっても供給することのできない商品の抱き合わせパッケージを供給する
ことができるために競争者に対して「金融上・ビジネス上の大きな優位」に立
つ、とされた。欧州委員会は、いくつかの需要者、すなわち航空会社が、企業
結合後の当事会社から商品を買うしかなくなる状況を具体的に認定した。その
結果、航空会社の利益は減少し、研究開発への投資も減少する、とされた。

　以上のことに照らした結論として、欧州委員会は、競争者が市場から排除さ
れて退出し、企業結合後の当事会社と競争することは不可能となる、と判断し
た。検討対象とされたのは、欧州の市場とその需要者である。[1]

　オーストラリアの競争当局（オーストラリア競争・消費者委員会（ACCC））は、

---

1) General Electric/Honeywell v. Commission（Case COMP/ M.2220）Commission Decision
　　[2001] OJ（C331）24.

オーストラリアの特定の地域で商品の物流を担っているオーストラリア企業である Pacific National が、その地域に出入りする物流の多くの部分を取り扱っている鉄道ターミナルを、それまでの所有者である企業（Aurizon）から買収したことについて、オーストラリアの競争法に違反するものであったと判断した。この事例は、「道路運送や海上運送が経済的に意味のある選択肢とならない様々な需要者に対する、コンテナおよびコンテナ以外による鉄鋼製品の幹線鉄道輸送の供給」に関するものである。

　具体的には、ACCC は、Pacific National による Acacia Ridge ターミナルの Aurizon からの買収を認めたならば、競争の実質的制限の効果を持つことになり、2010 年競争・消費者法（CCA）50 条に違反する、と主張した。また、ACCC は、Pacific National と Aurizon との間の「ターミナルサービス請負契約」において、Pacific National が Acacia Ridge ターミナルの州際部分の日々の運営を行うことになっていることが、北部クイーンズランドにおける鉄道輸送の独占を Pacific National にもたらすと主張した。

　そうしたところ、Pacific National は、ターミナルを利用したいと考える他の鉄道輸送事業者を差別しないという問題解消措置の取決めに同意した。

　裁判所は、その前提のもとで、企業結合を実行してもよいという結論に至った。2019 年 5 月のことであった[2]。

　Google、Microsoft、GE のような有名な大企業による買収は、メディアの詳細な報道の対象となることが多い。GE/Honeywell の事例においてもそうであった。しかし、多くの企業結合は、相対的に小さく、見出しになることもあまりない。オーストラリアの事例は、そのような相対的に小さな買収、一種の「日常茶飯事」のようなものである。当事会社は、事業の規模においてグローバルではない。どこにでもある企業が効率性を向上させようとする取組であるにすぎない。買収側の企業は、ターミナル施設の機能を同社の流通機構に統合しようとした。それによって、事業における無駄を省き、できれば競争上の地位を向上させることができるのではないかと考えた。しかし、その結果として、その地域における「コンテナ輸送」について「独占に近い状態」をもたらすであろうということになり、ACCC は違反を認定したのである。

　それに対し、司法審査をした裁判所は、競争者にもターミナル施設を使わせるという買収側の企業からの約束を受け入れ、それに基づいて、この企業結合を容認した。

　多くの競争当局や裁判所は、企業結合には経済的な価値が潜在することを理

---

2)　ACCC v. Pacific National Pty Limited（No. 2）［2019］FCA 669.

解している。問題解消措置と呼ばれる条件を付ける場合はあるとしても、企業結合そのものは容認しようとすることが多い。ここでは、企業結合の容認が「行動的な」問題解消措置を条件としていた。行動的な問題解消措置とは、約束が守られているか否かを一定程度において監視することが必然的に必要となるものである。

　競争当局が禁止するには、企業結合はどれほど大きい必要があるのか。もし企業結合が当事会社のコストを削減するなど効率性を改善する場合には、企業結合が反競争的なリスクを持つときにも正当化されるか。当事会社は、企業結合は効率性向上のために行うのであると主張するのが通常である。そのような主張には意味があるだろうか。もしあるとすれば、どのような形で意味があるのだろうか。企業結合の結果としてもたらされる企業の市場支配力は、なぜ競争法上の分析のために重要なのであろうか。まだ企業結合が行われていない段階で、弊害を予防するために、競争当局は、どのようにして、企業結合の競争への影響を認定するのであろうか。もし競争当局が、企業結合が行われた事実を企業結合が実行された後に知った場合はどうなるのか。競争当局は何ができるか。国はどのようにしてそのような困難な状況を避けることができるのか。上記のオーストラリアの事例では、買収側の企業が企業結合後の行動について約束をした。競争法は、どのようにして、そのような約束を「履行させる」ことができるのか。

　欧州委員会は、なぜ多数の具体的な検討対象市場の状況とそれらの市場における競争者の地位を詳細に調査したのか。欧州委員会には、米国の2社による企業結合を禁止する権限はあるか。もし権限があるなら、それはなぜか。そのような権限があるのは適切か。その権限を実際に発動するのは適切か。第11章を見ていただきたい。米国の多くの人々は、欧州委員会が欧州企業を保護し、「保護主義」になっていると不平を述べている。それはなぜなのか。ある法域の競争当局が企業結合を容認した場合、その決定は他の法域の競争当局による決定に対してどのような影響を持つべきか。

　複数の独立の企業を統合して一体化させる行為は、競争法では merger（企業結合）と呼ばれるが*)、企業結合が競争に弊害をもたらすことがある。事例によっては、世界中の多くの場所の多くの市場に弊害をもたらすこともある。

)　"merger" は、会社法を含む社会の通常の用語法では「合併」を意味するが、競争法においては、合併だけでなく、株式取得などによって一体化する場合も含めて "merger" と呼ぶ。著者がここで "merger" について説明的なことを述べたのもその趣旨であると思われ、著者は 92 頁訳者注)に対応する本文において同じことを述べている。このような広義の "merger" には、「合併」でなく「企業結合」という日本語を充てることが定着している。

例えば、もし、コンピュータチップの分野で世界で最も大きく最も成功した 2 社が企業結合をするならば、その結果としての影響はほとんど世界中どこにおいても感ずることができるであろう。企業結合後の当事会社は、価格を支配したり、競争者を排除したり、技術革新の成果を自分だけで利用したり、新規参入を阻害したり、といったことを世界中で行う力を得るかもしれない。そこまでの大企業ではない企業の企業結合であっても、特定の国、特定の地方、特定の産業において、同様の影響を起こすことはあり得る。もし、外国の大企業が新興成長経済圏の国の企業を買収したならば、その国の経済発展を妨害することになるかもしれない。巨大企業が巨大企業を買収したり、大企業が相対的に小さな企業を買収したりするにつれて、多くの社会における経済の姿が変わり、富の分配に影響が生ずるかもしれない。

　企業結合規制は、そのような結果をもたらす蓋然性のある企業結合を禁止しようとするものである。このことは、複数の企業の経営陣が何年もかけて交渉してきた企業結合計画を阻止することを意味する場合もある。企業結合規制は、当事会社自身、その株主、その従業員、場合によっては複数の国の経済、そして特定の産業の基本構造にさえも、大きな影響を与える。当然のことながら、そのような「介入」に対しては抵抗も強い。

　ほとんどの法域の競争法は、弊害をもたらす企業結合のみを問題とするが、弊害の認定の手法や、問題とする場合の手順や程度には、大きな違いがある。さらに言えば、企業結合は多くの良い効果ももたらすので、企業結合規制は、企業結合計画がもたらす利益が、弊害の可能性を上回るかどうかについて、難しい判断をしなければならない場合がある。その際、競争当局の担当官は、他の行為類型の場合と同じ考え方を多く用いるが、適用の仕方は異なる。それは主に、過去の弊害を認定するのでなく、将来の弊害を予測しなければならないからである。競争法を持ついくつかの法域においては、企業結合規制は法執行の目玉の 1 つである。他方で、企業結合規制の役割が小さかったり皆無であったりする法域もある。以下では、それはなぜであるかという点についても述べる。

　「merger の規制」という用語は、誤解を招きやすい。規制の対象となる範囲が、"merger" というラベルが想起させるものよりも広いからである。ここで言う "merger" は、それまでは独立であった企業に対する支配の状況に変化をもたらす契約・取引の全てを含む。合併、すなわち狭い意味での "merger" だけでなく、ある企業による他の企業の買収や合弁事業が合併と同様の影響を持つ場合も含む*)。この章では、企業結合規制における違反要件の考え方と

)　この部分については、91 頁訳者注)で述べた。

法的手続の考え方とを見ていく。また、企業結合規制を適用する関係機関や、
その判断に影響を与えるものは何かといった点についても触れる。

1　企業結合規制の歴史

　市場と資本の集中と国際化が急速に高まるなかで、企業結合と企業結合規
制の役割と重要性も拡大した。米国反トラスト法は、1914 年に成立したク
レイトン法によって企業結合規制を導入したが、法の抜け穴があったためほ
とんど無力であり、その状態は、1950 年に成立した法律によって抜け穴が
塞がれるまで続いた[3]。1990 年代より前には、米国以外では、企業結合規
制の条文があること自体が知られていないも同然であった。多くの法域では、
経済的に重要な企業結合はほとんどなく、人々の利害関係もあまり絡まない
のが常であった。さらに、多くの法域の政府は、自らの法域の市場に対して
競争法とは異なる管理的な意味で規制していた。その結果、そういった政府
は、防衛産業をはじめとする特定の産業に対する規制の枠組みを超えて、競
争法の企業結合規制を考えるインセンティブすら、ほとんど持たなかった。
その後、経済の国際化とその影響により、企業結合規制の増殖が生じたので
ある。

　様々な考え方があるうちの 1 つの考え方によれば、企業結合規制は経済力
と富の集中を規制するものであって歓迎すべきものである。それによれば、
企業結合規制は、誰が誰と企業結合をするかをコントロールし公共の利益を
守るための法的枠組みである、とされる。他方で別の考え方によれば、企業
結合規制とは、力のある者が公共の利益を装って経済発展を左右しようとす
る悪巧みである、ということになる。また別の考え方によれば、企業結合規
制とは、経済発展を制限し技術革新を減少させる可能性の高い企業結合計画
をやめさせるものである、と受け止める。企業結合規制は、経済界からは強
い抵抗を受けることが多い。例えば、EU では、そのような抵抗があったせ
いで、企業結合規則が 1989 年に制定されるまで約 25 年かかった[4]。

---

3)　Celler-Kefauver Act of Dec. 29, 1950, 64 Stat. 1125（amending the Clayton Antitrust Act of
　　1914, 38 Stat. 730）（codified at 15 USC §§ 18, 21 (2018)）.

4)　Council Regulation（EEC）No.4064/89 [1989] OJ 395 replaced by Council Regulation（EC）
　　No.139/2004 on the control of concentrations between undertakings（EC Merger Regulation）
　　[2004] OJ L24/ 1.

2　企業結合規制の主な特徴

　企業結合規制は、高度にテクニカルであり外見は中立的であるが、その経済的・政治的な重要性のため、強い政治的圧力の対象となり得る。企業結合規制は、いくつもの重要な点で、競争法の他の規制とは異なっている。

① 行政が中心となる

　企業結合が適法か否かに関する判断は、もしそのような判断を効果のあるものとしたいならば、迅速に行われなければならない。したがって、企業結合規制の法執行はほぼ専ら行政当局によって行われる。裁判所の手続は通常は時間がかかる。司法審査が可能な場合はあるが、企業結合規制における裁判所の役割は限定されている。そのため、企業、弁護士、エコノミストは、競争当局の判断に影響を与えようとして力を注ぐことになる。

② 将来予測が必要である

　企業結合規制では、行為が行われた場合に起きそうな結果を予測しなければならない。競争法の他の分野では、既に行われた行為が主な対象である。企業結合規制の目的は、既に起きた弊害に対応することではなく、競争への弊害を予防することである。

③ 技術的である

　企業結合計画が実行された場合の影響を予測するのは、難しく不確実であることが多い。そのため、企業結合規制においては、一定程度の信頼性のある予測をするための訓練を経ており、その立場によって不確実性を減少させることのできるような人材を信頼して法の運用が行われることとなる。それによって、企業結合規制は科学的証拠に基づく客観的な法適用であるというイメージが築き上げられ保たれることになる。その結果、特に大きな競争当局では、エコノミストが企業結合規制において重要な役割を占めることになる。このように専門性を用いるには、コストがかかる。いくつかの法域では、この機能を担う高度に訓練された経済学の専門家を競争当局が雇うだけの余裕があるが、多くの法域はそうではない。

④ 国際性

　企業結合規制は、国際的なものでもある。市場がさらに国際的なものとなるなかで、境界をまたがる企業結合は増え、企業結合規制もこのような国際

的な相互関係を考慮に入れなければならない。個々の競争当局は、第一義的
には、自らの法域の地理的範囲内での影響や、自らの法域に拠点を置く企業
への影響に、主に着目する。このため、政府は、まずは自分の法域の競争当
局の判断に対し影響を与えようとするインセンティブを持つ。しかし、それ
ぞれの政府は、そのうち、別の法域の競争当局の判断が持ち得る影響にも気
づく。これらの問題に対処するため、競争当局の担当官は、言語能力とコミ
ュニケーションスキルが高く、競争当局の考え方を国際的な議論や交渉にお
いて効果的に発信できる、という資質を持つ必要がある。

　企業結合規制の特徴的な場面は、2つある。事前届出に始まる手続と、企
業結合計画が将来において持ち得る影響に関する判断基準である。

3　事前届出

　企業結合規制を効果的に行うには、企業結合が実行されるより前に、競争
当局の担当官がそれを知る必要がある。企業結合が実行されてしまうと、そ
れを「巻き戻して」原状に戻るのは困難であり、不可能であることも多い。
したがって、当事会社が競争当局に対して計画を事前に届け出るよう義務付
けている法域が多い。届出義務があるにもかかわらず届出を怠ると、企業結
合審査手続を毀損し、遅延をもたらしたとして、その企業は高額の罰金・課
徴金を受けることになる。
　発達した競争法を持つ法域では、通常、届出義務の規定を置いているが、
自主的届出にとどめていたり、届出という制度が全くなかったり、という法
域もある。
　事前届出義務がある場合にも、その内容は様々である。例えば EU のよう
に、事前届出義務の範囲が、そのまま、競争当局が違反の成否を判断する権
限を持つ企業結合の範囲と直結している法域もある。それに対し、例えば米
国のように、違反となり得る企業結合の範囲が、事前届出義務の範囲とは別
に定められている法域もある。この相違は軽視されることが多いが、弁護士
が事前届出の諸問題に対応する場合の対応方針に影響を与える相違点である。
審査の対象の絞り込み
　届出義務は、企業結合が一定の基準を満たした場合に発生する。通常は、

当事会社の規模と売上高によって基準が作られる。これにより、競争当局が注意を払うに値しないとされたものは篩い落とされることになる。このような基準は、その企業結合が反競争的影響をもたらすか否かとは直接は関係がない。反競争的影響の可能性が低い場合でも、企業結合審査の対象となる場合がある。例えば、一方の当事会社の相対的に重要性の低い子会社が外国に所在することが、その外国の企業結合審査の対象とされてしまうこと（またはその可能性）の原因となり得る。一方または双方の当事会社が大きな多国籍企業である場合には、企業結合は 30 またはそれ以上の競争当局に届け出られなければならない場合がある[5]。

　通常、詳細審査の対象を決める中心論点は市場画定である。当事会社は、なるべく市場を広く画定して、そこにおける自社の力を小さく見せようとする。競争当局の担当官は、通常、それより狭く市場を画定しようとする。市場画定の諸論点は、当事会社側か競争当局側かを問わず、弁護士やエコノミストの間での大きな議論となり、弁護士やエコノミストに支払う費用も嵩むことになる。

　大規模な企業結合が多くの法域の競争当局に関係し、手続、提出期限、提出義務のある情報の内容、などが法域ごとに異なるので、コストがかかり、時間もかかる。そのため、多くの企業や競争当局は、手続が国際的にさらに共通化されることを期待している。

4　企業結合審査──手続

　事前届出の手続と企業結合審査手続とは、区別することが重要である。事前届出の手続について論ずべき問題は、計画された企業結合は届出を要するのか、という点だけである[*]。それに対し、企業結合審査手続において論ずべき問題は、届け出られた企業結合計画は容認されるべきか、禁止命令を受

---

5) *See* Jacob Bunge and others, 'DuPont, Dow Chemical Agree to Merge, Then Break Up Into Three Companies' (*Wall Street Journal*, December 11, 2015) 〈https://www.wsj.com/articles/dupont-dow-chemical-agree-to-merge-1449834739?mod=article_inline&mod=article_inline〉 accessed November 4, 2019; Matthew Schwartz, 'Disney Officially Owns 21st Century Fox' (*NPR*, March 20, 2019) 〈https://www.npr.org/2019/03/20/705009029/disney-officially-owns-21st-century-fox〉 accessed November 4, 2019.

けるべきか、条件付きで容認されるべきか、といったことに関するものである。事前届出手続の過程で提出された資料を企業結合審査手続で用いることはあるであろうが、この 2 つの手続は根本的に異なっており、両者を混同した混乱はよく見られる。

　一般に、当事会社は、企業結合の結果として起きそうなことを競争当局が審査することができるよう、資料を提出しなければならない。当事会社の商品はどのようなものか、それらはどこで売られているか、競争者は誰か、当事会社としては市場の状況はどのようであると考えているか、市場シェアはどれくらいか、などといった情報に関する資料である。デジタルエコノミーの問題（第 12 章）は、企業が扱うデータに関する資料を提出する必要性を高めている。

　競争当局は、企業結合が域内で弊害をもたらす場合には当該企業結合を禁止する権限を与えられており（第 11 章）、また、ほとんどの競争当局は、競争当局が示唆した問題解消措置をとることを当事会社が受け入れるという条件のもとで企業結合を容認するという選択肢も持っている。基本的な手続は、ほとんどの法域で共通している。競争当局が企業結合計画の届出を受けたならば、その企業結合計画を詳細に審査したいと考えるかどうかを短い期間（30 日間であることが多い）のうちに当事会社に通知する。もしそれ以上は審査しないと決まったならば、企業結合計画は実行に向けて前進できる。第 1 次審査において競争当局が納得できなかった案件については、詳細に審査するための第 2 次審査またはそれ以上の審査をする。この期間中、競争当局は当事会社に追加の資料を提出したり提出資料について説明したりするよう求めることができる。

　これらの手続は、実際には、様々な形態をとる。

　米国、EU、日本、中国などの法域では、大規模な企業結合に関する当事会社と競争当局との間の交渉は、細かく、時間を要し、費用もかかることが

＊）　著者は、前記 3 で届出義務を論じるなかで、市場画定による篩い分けについても触れている。しかし実際には、市場画定による篩い分けは、企業結合審査手続のなかに組み込んで説明される場合が多いと思われる。著者も、ここ（4 の最初の段落）では、事前届出について、届出を要するか否かだけの問題であるとしている（市場画定は関係がないのが通常である）。このように、原著には、市場画定の位置付けについて若干のブレがあるが、いずれにしても、市場画定による篩い分けをどこで説明するかという整理の問題であり、論述内容が誤っているわけではない。

多い。企業結合を行った場合に起こりそうな経済的な結果を認定するに際してはエコノミストが重要な役割を担うことが多く、資料の内容の理解の仕方について頻繁に意見が対立する。そのような過程が広くマスメディアの関心対象となることもあり、審査結果に影響を与えようとする政治的な人物が現れる場合もある。

　それに対し、相対的に小さな法域では、手続はずっと手軽であり議論も少ない。そのような法域の競争当局は、担当する職員の数も少なく、予算も少ないことが多い。そのような法域の競争当局が、高度に洗練された経済分析を行うことは稀であり、自分たちに理解でき、扱える範囲で問題を議論できるよう、推定に頼りながら検討を行う。さらに、相対的に小さな法域の競争当局は、政治的にも経済的にも、企業結合を完全に禁止するだけの力はないことがほとんどであり、自らの法域のなかでの弊害を軽減する問題解消措置をとるよう求めることがある、という程度である。

5　企業結合審査——判断基準

　通常の競争法典は、競争当局が企業結合計画を審査する際に考慮すべき複数の要素をリストアップしている。それらの複数の要素が総合して、企業結合が弊害をもたらす蓋然性があるかどうかを競争当局が判断するに際してのガイダンスとなる。

　一般的には、全ての形態の企業結合に対して同じ考え方が当てはまるが、その同じ考え方が、企業結合の型に応じて異なる形で用いられる。水平型企業結合は競争関係にある複数の企業による企業結合であり、垂直型企業結合は垂直的関係にある（別の市場で事業をしている）複数の企業による企業結合であり、その他は全て混合型企業結合というカテゴリーとなる。

　市場画定が、企業結合審査の鍵を握る。企業結合後の当事会社が競争に影響を与える力を持っているかどうかを判断する際に、市場画定が重要となるからである。本書では、前の章で、排除行為との関係で、市場画定を論じた。基本的な考え方は企業結合規制でも同じであるが、1 つだけ大きな違いがある。企業結合規制では、過去または現在までに起きたことを分析するのではなく、将来において影響が生ずるかどうかを予想するために市場画定をする、ということである。したがって当然、市場画定は推測を含むものとなる。特

に、急速に変化するデジタルマーケットにおいては、そのように言える。

5.1　水平型企業結合

　競争者同士の企業結合は、競争法の観点から特に大きなリスクがあるので、法執行に関する多くの注目が水平型企業結合に向けられる。水平型企業結合は、2 社またはそれ以上の数の競争者を一体とすることによって、必然的に、市場における集中度を増加させる。この集中度の増加こそが競争への弊害の原因となる。したがって、中心論点は、集中度の増加が十分に大きくて弊害をもたらすほどか、また、もし弊害があるとして、企業結合がもたらす利益は弊害を上回るか、である。もし、弊害が生ずると競争当局が将来予測をしたならば、当事会社は、通常、企業結合によって生ずる集中度の水準は弊害をもたらすほど大きくない、と主張したり、企業結合をすることにより、従業員や設備の重複を減らすなどして当事会社はコストを減らし効率性を高める、と主張したりする。予想に重点が置かれるため、高度に熟練したエコノミストを採用するインセンティブが生じ、そのようなエコノミストは競争法コミュニティにおいても特に高い地位がある。しかし、どの程度において洗練された分析をするかは別として、予想とは、将来に関する仮定に基づくものであり、意見対立が生ずる可能性は必然的に存在する。

　集中度の大きさは、いくつかの方法によって計測される。例えば、市場シェアの大きな上位企業（多くの場合は上位 4 社）の市場シェアが大きく増加するか否か、といった極めて単純な指標が用いられることもある。もう少し洗練されると、いわゆるハーフィンダール・ハーシュマン・インデックス（HHI）が用いられる場合が多い。これは、企業結合前と企業結合後について、各社の市場シェアに数学的計算を施すものである。HHI は、集中度の増加を示す単一の数字を算出し、企業結合が弊害をもたらすか否かの蓋然性を示唆する。

　集中度の水準に変化があると認定されたならば、競争当局は、企業結合がもたらす影響が競争法の法目的に照らしてどのように見えるかを判断しなければならない。ほとんどの企業結合分析は、企業結合がもたらす経済的影響、特に企業結合後の企業が市場支配力を形成・強化するかどうか、に完全に絞って、または、主にそれに絞って、行われる。市場支配力の形成・強化は、通常、競争上の弊害があるかどうかを示す鍵となる判断要素となると考えられている。デジタル市場においては、データを支配していることが力の源に

なるとされることが増えている。また、企業結合がもたらす影響を判断するにあたり、政治的・社会的な要素を考慮する法域もある。

　企業結合による弊害の認定の仕方や、あり得る正当化理由に関する認定の仕方に関しては、法域によって種々の違いがある。例えば、経済分析を信頼している法域では、企業結合が将来において競争に貢献する潜在性を持つ場合にそれを考慮する考え方が理解されやすいかもしれないが、経済的自由や域内産業保護に影響を与える経済的な力の発生に敏感な法域では、将来において競争に貢献する潜在性にはあまり重点が置かれないかもしれない。

5.2　垂直型企業結合

　垂直型企業結合は、競争者間の競争を直ちに消滅させるわけではないので、さらに複雑である。しかし、垂直型企業結合は、一方の当事会社が属さず他方の当事会社のみが属する市場に影響を与えることによって、反競争的な弊害を与えることがある。ここで出てくる論点の多くは、垂直的合意の文脈で見たものに似ているので、ここで詳しく再論することは控える。ほとんどの法域における主な懸念事項は、垂直型企業結合が、影響を受けた市場において競争を閉鎖する可能性があるということである。もし企業が原材料の供給者を買収したならば、例えば、その企業は、自己の競争者に対する原材料の供給を減らし、自己の競争者を競争上不利な立場に追いやることのできる地位を獲得するかもしれない。これは、垂直的合意の場合の懸念事項と似ているが、合意と比べると、企業結合は永続性があり、大きなリスクをもたらす。

　垂直型企業結合の法的評価については、法域によって重要な違いがある。確認でき数量化できる経済的影響に絞った分析に依拠する法域では、垂直型企業結合は、影響を立証することが難しく推測を伴うので、介入の可能性が低い。それと比べると、そのような厳しい評価基準を採用していない競争当局は、他の要素を考慮する柔軟性が高い。例えば、そのような競争当局は、垂直型企業結合が国の経済発展にもたらす影響に特に関心を向け、企業結合がもたらす可能性のある弊害を大きめに見出す可能性がある。

　資本輸出国である外国の企業が、新興成長経済圏の国の国内企業を買収する場合、新興成長経済圏の国の競争当局は、それに関心を向ける可能性が高い。新興成長経済圏の多くの国においては、そのような垂直型企業結合の影響に関する大きな論争がある。多くの者は、外国による支配は経済発展を阻

害する可能性が高いと考えている。しかし、資本の投入を歓迎する者もいる。弁護士とエコノミストは、このような問題を知っておく必要がある。

5.3　混合型企業結合

当事会社が競争関係になく垂直的な取引関係にもないような企業結合は、競争に与える直接の影響がないため、そのような企業結合に対する法執行も限定的である。しかしながら、そのような企業結合が「ディープポケット」となる可能性に関心を向ける法域もある。ここでの主な考え方は、大企業がさらに多くのリソースを得て、他の企業の市場参入を躊躇させ、既に存在する競争者を排除するかもしれない、というものである*)。垂直型企業結合の場合と同様、新興成長経済圏の法域においては、この点は特に重要な論点となる。

6　企業結合規制の国際的側面

企業結合規制はグローバルシステムにおいて特に重要な役割を果たすが、それは主に以下の3つの原因による。

第1は、法域の境界を越えた企業結合は、必然的に複数の競争当局の間の直接の連絡を必要とする、ということである。大きな企業結合は、その企業結合によって影響を受ける可能性があるそれぞれの国を含む多くの当局によって審査される可能性があり、1つの国における判断は他の1つまたは複数の国の利害に影響することも多い。それぞれの競争当局の担当官は、互いに連絡を取り合いながら、連携して調査し、事案を解明して、他の当局の担当官がどうするかを予測したり、問題の企業結合に対する自らの見解への支持を得ようとしたりする。問題の企業結合を容認しようとする担当官は、例えば、他の当局の担当官も同じ判断となるよう影響を与えようとするかもしれないし、そこまではしないとしても、とにかく他の当局の担当官がどのよう

＊）　混合型企業結合に関する原著の記述は、一昔前の考え方にとどまっている。現在では、主要な法域においては、垂直型企業結合の場合の市場閉鎖の懸念（前記5.2）に類似して、混合型企業結合の当事会社Aの商品役務と当事会社Bの商品役務とを企業結合後に抱き合わせ販売等（「組合せ供給」）することによっていずれかの商品役務の競争者を排除するのではないかという懸念の観点から、混合型企業結合の計画が審査されるのが通常となっている。

な判断をしそうかを予想しようとするかもしれない。このため、力、存在感、交渉スキルなどが交錯する世界が現出する。その結果としての競争当局の判断は、関係するビジネスにとって大きな意味を持ち、国の政治的・経済的利害にとっても大きな意味を持つこともある。

　第 2 の大きな要素は、企業結合規制は特に、財政的にも政治的にも、外部からの圧力に弱い、ということである。このことが、競争当局間の交渉に対して新たな要素を追加し、疑念や緊張をもたらす場合がある。一例として、もし、ある競争当局、例えば日本の公正取引委員会が、外部の影響力からほとんど全く無縁である場合、日本の担当官は、法律以外の要素によって影響を受けていることが明らかな競争当局と一緒に仕事をすることに抵抗を感じるであろう。

　多くの企業結合には経済的・社会的な重要性があるので、担当官の経験などの背景が異なるために生ずる検討視角の盲点が浮き彫りになることもある。例えば、豊かで技術も進歩した国の担当官は、小さくて産業が未発達の国の担当官が懸念するような事項を思い浮かべるだけの経験を持っていないかもしれないし、逆も同じである。このような経験の差があると、資料の解釈の仕方も違ってくることが多い。

　第 3 の原因は、複数の法域の間で類似点もあれば相違点もあるということが競争当局間の連携において必然的に大きな意味を持つので、全ての関係者はそのような不揃いの状況をならすことができるならば大きな価値があるということを全ての関係者がよく知っている、ということである。国際競争ネットワークなどの国際機関による数々の勧告のおかげで、例えば、事前届出において提出が求められる情報や、企業結合審査に要する日数などの、手続的な問題について、各法域はかなり似通った状況となっている。このことは企業にとってのコスト削減に繋がり、複数の競争当局の間の連絡・連携を容易にするので、上記のような標準化に対しては広い支持がある。

　企業結合審査において適用される違反要件の考え方については、標準化は遥かに遅れており、誤解・緊張・摩擦の大きな原因となることが多い。その1 つの要素は、用いられる概念の明確な違いにある。例えば米国のように、「競争の制限」という基準に依拠する法域があり、そこでは、企業結合の経済的な影響があるか否かの認定に関心が集まる。それに対し、欧州スタイルの「支配的地位」の基準を用いる法域もある。そこでは、企業結合によって

支配的地位が形成または強化されるかどうかが問われ、その概念のなかに、経済的影響だけでなく、経済的自由のような要素も持ち込まれることが多い。文言や概念が異なり、そのために結果も異なるということもあるが、多くの場合は結果は似通ったものとなる。例えば EU のように、2 つの基準が並存している法域もある。

上記のような基準の違いは、法執行の進め方の違いにも影響を与える。標準的な経済分析に依拠する法域では、水平型企業結合の審査に力を入れ、垂直型企業結合は一般的に害が少ないとする傾向がある。長期的な影響や社会的・経済的要素を考慮する法域では、垂直型企業結合に向ける関心が高くなる。経済発展への関心の高い法域では、域外企業による域内企業の買収や、政治的・社会的影響を持つ買収に、特に関心が寄せられることが多い。

企業結合審査に向けられる資金等のリソースやツールは、法域ごとに大きく異なる。このような場合、必然的に、複数の競争当局の担当官の間での意思疎通には支障が生ずる。もし、例えば、博士の学位の水準のエコノミストが EU にいて、計量経済学の観点から企業結合を分析し、計量経済学の訓練をほとんど全く受けていない他の当局の担当官と当該企業結合の評価について話し合わなければならなくなった場合には、その EU の担当官は、自らの判断の根拠について説明するのが難しいと感ずると同時に、少ない訓練と少ないツールしかない当局の担当官の考えよりも自らの専門性のほうが価値があって立論として強靭であると信じがちとなってしまうであろう。

7　コメント

経済的資源に対する支配が集中するにつれて、企業結合に対する懸念は高まる。特に、企業結合がプライバシーなどの社会的問題に影響を与える場合はなおさらである。巨大 IT 企業は懸念の大きな源となった。このような脅威に反応し、企業結合規制は 1990 年代以降、急速に重要性を増してきており、企業結合規制に関する当局の判断に影響を与えようとする動きもますます強まっている。企業結合審査をめぐる様々なものの構造を理解し結果を予測するという作業は、簡単なものではないが、そのような作業を最も効率的に行うことのできる者には成功の機会がもたらされるであろう。

第**3**部

各法域の競争法

　国の機関は、競争法を制定し、運用する（EUのように国を超えた地域の機関によるものもある）。そういった機関が、市場に影響を与える政策判断を行い、競争法のグローバルシステムにおける主要な登場人物となる。そこで、第3部では、それらの機関が、何を、どのようにして、行っているのか、そして、それらの機関の政策判断を動かし影響を与えている要素にはどのようなものがあるのか、を見ていく。

　それぞれの法域の競争法にはそれぞれの法目的があり、それぞれの方法と手続を用いる。しかし同時に、大いに類似しているところもある。以下では、いくつかの主要な法域に焦点を当て、それらの法域に関する情報を理解しやすくし、それぞれの法域について知っておくべきことを明らかにし、それらの法域を競争法のグローバルシステムのなかに位置付けて、法域間の相違点や類似点に光を当てる。

　競争法にとって特に重要な2つの法域には、それぞれ、1つの章を割り当てる。米国（第8章）と欧州（第9章）である。いずれも、弁護士やビジネスにとって実務的に極めて重要であり、それぞれ、他の法域に対しても重要な影響を与えている。グローバルシステムにおいて中心的な役割を果たしているのである。競争法の様々な文脈や躍動を把握するには、米国と欧州の競争法に対する知見を得る必要がある。

　第10章で取り上げる他の法域は、そのような中心的な役割を果たすわけではないので、本書では、異なる方法で取り扱う。すなわち、それらの法域の競争法がどのような要素の影響を受けているか、ということを明らかにする。それらの要素を知れば、第10章で取り上げない法域も含め、いかなる法域の競争法に取り組む場合であっても、それを知るために何が必要となるかを理解しやすくなる。それぞれの法域の動きを理解し、法域間の類似点や相違点を把握できるようになる。いくつかの要素に注目すると、「類似する法域のグループ」が浮き彫りになる。したがって、そのような要素を理解すれば、グループのなかでの類似点や相違点、グループ内の各法域の相互関係、を理解するのに有益な視点を得ることができる。第10章は、これらの意味において鍵となる要素は何であるのかを明らかにする。

第8章 ── 米国反トラスト法

米国反トラスト法は、長いあいだ、競争法の世界の中心、少なくとも中心に近い位置におり、競争法という分野に関与する全ての者に影響を与え続けている。競争法関係者の間では、米国反トラスト法が注視すべきモデルとなっていることもよくある。なぜなら、米国反トラスト法は、彼らが直面する問題への解法を提供してくれるからである。米国の経験や豊かで多様な文献から学ぼうとする競争法関係者も多い。追い求めるべき国際標準は今でも米国反トラスト法であると考えている者もいる。米国経済の大きさ、米国の政治的重要性、米国反トラスト法の研究者や当局担当者の専門性のおかげで、米国以外の多くの弁護士、当局関係者、経営者にとって、米国反トラスト法は重要であり、世界中の法域の競争法に影響を与えてもいる。ところが面白いことに、米国反トラスト法は極めて独特の内容を持つ。本当に皮肉なことである。

1 米国反トラスト法の成り立ち

3つの背景要素を知っておくと、米国反トラスト法を理解するために特に有益である（この章では米国の反トラスト法のうち連邦レベルのものを念頭に置いて解説する）。第1に、米国反トラスト法は、競争そのものが強い文化的な価値を持っている社会で発達してきた。そのため、他のほとんどの法域の競争法とは異なり「競争という文化」を更地から創り出す必要はなかった。第2に、米国は、大きく、政治的に強い国であり、競争メカニズムとともに発展してきた巨大で技術的レベルの高い経済を持っている。第3に、米国反トラスト法の関係機関や関係者らは、何十年にもわたって、米国以外の世界の法域に向けて米国式の競争法を熱心に宣伝してきた。もっとも、その間、米国法の内容自体は大きく変化している。

1890年に反トラスト法を制定した際の判断が、米国競争法の中心的な特徴を作り出し、それらの特徴が、それ以後の進化を形作る前提条件となった。

米国議会は、当時は「トラスト」という名で知られていた巨大企業らを制御せよというポピュリスト的な政治圧力に応えて、シャーマン法を制定した[1]。これが、最初の、そして現在でも基本的な、反トラスト法の法典である。反競争的な行為と闘うための一般的な法を作るという発想は、ほとんど前例がなかったため、立法者にとって、追随すべきモデルはなかった。1890 年に先立つ何年かの間に米国の州においていくつかの非常に初歩的な法典が作られたが、それらは重要な機能を果たしてはいなかった。他の国の政府は、同様の法を作ってはいなかった。

　議会は、簡潔な解決手法を採用し、2 つの概念を作り出した。「取引制限」と「独占行為」である。連邦裁判所は、それまでは他の文脈において他の目的で活用されていただけであったが、シャーマン法に違反する行為にも対応することになった。法典の文言は例外的なほどに簡素で一般的である。基本的に、法の実質的な内容を作り制御する責任は全て裁判所に委ねられている。1914 年制定のクレイトン法が、例えば企業結合のように、特定の文脈を念頭に置いた若干の新たな要素を追加した[2]。それ以来、シャーマン法とクレイトン法が、米国反トラスト法の基本的な条文となっている。

　反トラスト法を充実させていく責任を連邦裁判所に委ねるという政策判断をしたために、米国は、個別の事例における裁判官の判断に立脚して物事を進める法域となった。したがって、理解しやすく整理整頓された法体系ではない。個別の事例における判断は、理由と結論の双方において、事例ごとに大きく異なる。事例の数は極めて多く、分量が多く不明瞭で一貫性のない判決もある。米国の専門家は、こうした濃密で無秩序な状況にどのように対応すればよいのかを知っているが、米国外の専門家は、通常、そのような対応をするために必要な知識を持っていない。そこで、米国外の専門家は、米国の競争法について漠然としたイメージを持つだけにとどまり、米国競争法のうち都合のよい要素だけを見出して強調するようになる。

---

1)　Sherman Antitrust Act, ch. 647, 26 Stat. 209 (codified as amended at 15 USC §§ 1-7 (2018)).
2)　Clayton Antitrust Act, 38 Stat. 730 (codified as amended at 15 USC §§ 12-27 (2018); 29 USC §§ 52-53 (2018)).

2 法目的

　反トラスト法の法目的は、裁判所の多数の判決から抽出・収集して論ずる必要があるが、法目的は時の経過とともに大きく変化しており、その変化は、特に外部の者にとっては、理解が難しい。1970年代より前には、裁判所は、主に反トラスト法の国内的な影響に関心を持ち、公正（特に中小企業にとっての公正）、経済的自由、競争者間の平等な機会、といったことに注目することが多かった。1970年代以後、「法と経済学革命」が、この状況を大きく変えた。学術文献の著者の影響を受け、また、米国企業の負担を軽減する必要があると考えた向きからの支援のもとで、裁判所は反トラスト法の法目的を大きく狭め、経済の効率性と需要者の利益のみを強調するような、ほとんど経済的なものだけに注目する法目的論に至った。

　法目的に関するこの根本的な変化は、裁判所の判断を理解することを特に難しくしている。過去の法目的論に立脚した判決も、現在では法目的が変化したにもかかわらず、今でも様々な理由でしばしば引用される。過去の判決の具体的な理由そのものには賛成しない場合でも、過去の判決が示した抽象的な考え方の先例的価値を強調することによって目の前の事件における判断に説得力を持たせたい場合に、裁判所がしばしば用いる手法である。このような混ぜ合わせの先例引用は、インサイダーには理解できるかもしれないが、アウトサイダーは煙に巻かれるばかりとなる。

　かつて米国反トラスト法を躍動させていた広い法目的は、裁判所の判決からはほとんど消えてしまったが、米国社会からは消えていない。少なくともいくつかの法目的を復活させるべきであると主張する声は今でも残っている。

3 判断手法と違反要件論

　需要者厚生や効率性という経済的な法目的論は経済学的な手法を前面に押し出すこととなるが、しかし裁判官はエコノミストではなく、何が法であるかに関する判断をする。このことは、経済学的手法と法的手法との相互作用をもたらす。経済学的な手法は、弁護士や裁判官が用いる法的な言葉や先例尊重主義によって濾過される。そのような相互作用は、関係機関やその手続

という鋳型のなかで行われる。

　反トラスト法の法典が裁判所に対して明瞭な指針を提供していないので、裁判官は、米国の法システムにおいて裁判官に対して「拘束力を持つ」とされる先例に立脚して判断をしなければならない。競争当局も、裁判所の先例を権威あるものとして扱わなければならない。それは、形式的にそうでなければならないというだけではない。競争当局の判断の是非を審査する裁判所が、裁判所の先例に拘束力があると考えるので、競争当局は、裁判所の先例を尊重せざるを得ないのである。

　このような、先例に即した理由付けをしようとする枠組みがあるために、裁判所は、目の前の事例の事実や理由付けを、同様の先例の事実や理由付けと、比較することを求められる。この作業は、どうしても、ある程度において主観的なものとなる。どの事実が重要か。先例の理由付けは、目の前の新たな事例においてどのように役立つか。多くの反トラスト法事例は事実関係が濃密であるので、このような比較をする際に裁判官が自分で判断できる幅は大きくなる。このため、外部の多くの観察者にとっては、判決は不透明なものとなる。

　それに対して経済学的な手法は、抽象的かつ普遍的であり、登場人物は合理的に行動するものであるという前提に主に立脚している（経済学的な法目的論にもいろいろとあることについては、第3章を参照）。高度に訓練され、報酬の高い競争法エコノミストは、経済学において正統とされる難しいモデルを用いる場合もあるかもしれない。実際の事件において裁判所は、高度に複雑な経済学的モデルから得られる情報・仮定・予想を、現実の濃密な事実関係に取り入れて、経済学に立脚した法目的論を重視しつつ判断をすることが求められる。

　以下においては、米国の裁判所の手続が、この作業を簡単にする場合もあれば、外見よりも難しくする場合もあるという様子を、見ていくことになる。

4　関係機関と手続

　その法域における関係機関の概要を知っておくと、その法域でどのようにして判断がされていくのかを理解しやすくなる。米国では、裁判所と行政機関との独特な組み合わせがあり、これが、何十年ものあいだ、ほぼ変わらず

に続いている。

4.1　競争当局──司法省と連邦取引委員会

　2つの異なる連邦の当局が、公的な法執行を担っている。いずれもワシントン DC に所在する。両者は、通常、役割分担について合意をしている。しかし、時に、その合意は「公式」のものでもなく、よく知られることもない。したがって、特定の事例をどちらが担当しそうであるかは関係者に尋ねなければわからない。2つの当局は、特定の類型の行為の規制についてどちらが主導権を握るかを争うことがあり、また、どちらが地位が高いかを争うこともある。

　2つの当局のうちの1つは連邦の司法省（Department of Justice: DOJ）である。司法省は、政府の執行部門の一部であり、したがって政治的な支配のもとにある。一般論として、司法省は自分で反トラスト法の命令をすることはできず、訴訟を勝ち抜いて裁判所に命令をしてもらわなければならない。司法省は、非刑事の訴訟を起こすこともあるし、刑事の訴訟を起こすこともある。どちらとなるかは、問題となる行為の重みや被告の競争制限の意図などの要素によって決まる。

　もう1つの当局は連邦取引委員会（Federal Trade Commission: FTC）である。連邦取引委員会は、課徴金その他の命令を、直接、することができる。しかし、その命令は通常の裁判所による司法審査に服するので、裁判所において確立した考え方に従う必要はある。連邦取引委員会は独立した行政機関であるため、司法省ほどには、政治システムの影響を受けやすいわけではない。しかし、予算などの財政を議会に握られているため、実際問題としては、政治的な影響に対応しなければならない場合がある。

　多くの高官（特に司法省）は、当局に入る前に競争法の弁護士実務を経験しており、また当局での任務を終えたあと、弁護士実務に戻る。そのような高官は、ポストに長く留まることはない。その結果、米国の2つの当局においては、弁護士の利害関係や分析視角や価値観が中心的な役割を果たすことが多い。それに対して、例えばドイツの連邦カルテル庁や日本の公正取引委員会などにおいては、通常、官僚たちは引退するまで当局に在籍し、幅広い経験を蓄積して、外部からの圧力からは、かなりの程度において独立している。

4.2　裁判所

　連邦裁判所は、一般的な管轄権を持つ裁判所であり、多くの種類の訴訟を扱っている。つまり、裁判官は特定の分野の訴訟を専門としているわけではない。裁判官は大統領から終身で指名され、通常、数十年にわたる弁護士としての経験を持っている。概して彼らは高い社会的地位を持ち、その独立性について定評がある。腐敗は稀である。このため、反トラスト法の関係者の間では、反トラスト法は外部からの圧力から守られているという自信があり、そして、多くの人々は、競争法の独立性を保つためには裁判所が中心的な役割を担う必要があると考えている。裁判所は、反トラスト法の公的な法執行と私的な法執行の両方において、中心的な役割を担っており、基本的には、いずれにおいても同じ手続を採用している。

　反トラスト法の訴訟の手続は、反トラスト法の内容に対して非常に重要な影響を与えている。その基本的な考え方は、他のほとんどの法域の手続とは大きく異なっており、誤解されることが多い。他の多くの法域とは異なり、手続は、反トラスト法のために特に調整されたものではない。少数の例外を除き、裁判所は、他の法分野でも用いる手続を反トラスト法訴訟でも用いる。司法省が反トラスト法の訴訟を提起する場合、刑事訴追をするのであれば刑事手続法によることになるし、行政的な賦課金を認める命令やその他の命令を得るためには非刑事の手続法によることになる。連邦取引委員会の処分に対する司法審査は、通常の行政処分に対する司法審査と同様の基準と手続によることになる。

　米国反トラスト法を理解し他の法域と対比するためには、手続に関する 3 つの一般的な特徴が特に重要である。

　第 1 に、他の法域では通常は裁判官が行うような仕事の多くを、当事者の代理人が担う。それぞれの代理人が、関係する事実についての資料を入手し、事実関係の筋書きを立てて、裁判所に提示する。訴訟の両当事者のそれぞれの代理人が、それぞれの筋書きを提示する。この点で、多くの法域と異なっている。多くの法域では、裁判官が、資料を収集し、事実に関する筋書きを立てる仕事を主に担う。陪審がいる場合には（非刑事の反トラスト法の訴訟では、陪審がいることがある）、事実に関する最終的な決定は陪審が行い（裁判官が若干の整理を行うことはある）、裁判官は法律問題に関する判断を行う。陪審がい

ない場合には、裁判官が事実と法律問題の両方の判断を行う。

　第 2 に、手続は事実認定に大きな重点を置いている。事実に重点を置いているという点は強調するに値する。なぜなら、そのために、法理論は、事実次第で結論が分かれ、詳細な事実認定があって初めて説得力を持つようなものとなりやすい。手続は複雑となり費用が高くなる傾向もある。この点で、他のほとんどの国の手続とは顕著に異なっている。他のほとんどの国では、裁判所のみが文書提出命令のようなことをすることができ、特定の競争法上の主張のために法律で必要とされた要件に直接の関係のある範囲でしか情報の収集をしないからである。

　第 3 に、上級審の裁判所による審理の対象は、一般に、法律問題に限定される。多くの法域では、上級審の裁判所は、下級審における事実認定に関する結論も審査することができる。

4.3　私的な法執行

　ほとんどの米国反トラスト法の事例は私的な法執行によるものである。そのような事例は、法の一貫性や政府の経済政策とは関係なく、私的な利害計算に基づいて提起される。

　米国外の観察者は、米国反トラスト法における私的訴訟の重要性を見逃すことがよくある。さらに、他の法域において私的な法執行を認めている場合のほとんどは、競争当局が摘発した事例に便乗する私的訴訟（フォローオン訴訟と呼ばれる）を認めているだけであるが、米国の私的な法執行は、フォローオンよりも直接のものが中心である。つまり、原告になろうとする者は、競争当局やその他の政府機関による行動を待つことなく、私的訴訟を起こすことができる。また、他の法域において私的な法執行の利用を制約している手続的な障害が、米国には、通常、存在しない。

　米国の私的な法執行の重要な特徴のうち、いわゆる「ディスカバリ」の手続には、特に言及する必要がある。なぜならそれは、私的訴訟の形態、手続、法理論、そしてコストに、影響を与えるからである。「ディスカバリ」によって、双方の訴訟当事者は、訴訟手続において使用し裁判所に提出するために、相手方から、訴訟に関係がある可能性のある情報を広い範囲で要求し、受け取ることができる。この手続は費用がかかり時間もかかるものである。判断権者（裁判所と陪審）に大量の情報が届けられるということを通常は意味

し、訴訟の基礎となる事実認定が争われる余地が大きくなることを意味する。提供される情報が大量のものとなることが多いということは、個別の訴訟に影響を与えるだけでなく、反トラスト法の違反要件論にも影響を与える。

　米国法は、私的な法執行に対するインセンティブも提供しており、法律家はそれを存分に利用している。例えば、違反行為に対しては、懲罰的賠償があり得るのに加え、3倍額賠償、すなわち、実際の損害額の3倍の賠償を請求することが認められている。弁護士が私的な法執行を追求することを促進するものは、それだけではない。成功報酬が認められるのが普通であり、米国反トラスト法弁護士は私的な法執行を積極的に進めることで知られている。さらに、費用のかかる私的訴訟はよくあることであり、米国では文化的にそれが受け入れられている。したがって、経営者は、そのような高い費用に慣れてしまっている。

5　反トラスト法の原動力

　エコノミストと法律家の相互作用が、米国反トラスト法を中心的に動かしている。

　エコノミストは訴訟においてほとんど不可欠となった。エコノミストは反トラスト法の内容に影響力を持つが、これは、反トラスト法の法目的が経済学的な用語で語られているからである。現在では、反トラスト法を専門とするエコノミストは多くなっている。大学教授であるエコノミストもいるが、反トラスト法の経済学が重要性を増すにつれて、専門のエコノミストをフルタイムで大量に雇用した専門的なコンサルティング事務所も現れている。

　弁護士は、エコノミストと共同作業を行い、経済学的な知識や見方を法的な主張や議論に翻訳する。弁護士は、行政や司法の判断権者に対して議論を提示し、訴訟を追行し、顧客企業に助言するが、その際、経済学的に見て事案と関係のある情報を発見し、評価し、解釈するという作業についてはエコノミストを頼りにする。弁護士は、エコノミストとの共同作業により、経済学文献や先例において確立している経済学的基準と整合的な主張を組み立てる。

　裁判官は、法律家として訓練されており、ほとんどの者は弁護士実務を経験している。その結果、弁護士と裁判官は、勉学上や職業上の経験において

共通したものを持っており、同じ概念的な用語を使い、それらの経験に基づいた人間関係を維持している。

　法学者も、この、法律家とエコノミストの関係の形成において、影響力を持つことがある。

6　対象となる行為

　米国反トラスト法の対象となる行為を簡単に見ておくことは、主に次の 2 つの理由で重要である。第 1 に、米国法が国境を越えて世界的に適用される可能性や米国市場の大きさを考えれば、米国法に関する情報は多くの弁護士やその顧客企業にとって実際問題として価値を持つ。第 2 に、他の法域において競争法の判断をする人たちの多くは米国の経験に学んでいる（そして、誤解していることも多い）。

6.1　共同行為

　共同行為に関する米国法は、この問題に関する米国での議論を理解するという意味でも重要だが、グローバルな観点でも意味を持っている。シャーマン法 1 条は、「取引制限」をもたらすような共同行為を禁止しているが、前述のように、条文では「取引制限」の意味を定義しておらず、それがどのような意味を持つかは裁判所に委ねられてきた。裁判所は、2 つの中心的な概念を発展させており、これが他の法域でも、しばしば（時には誤って）用いられている。

　第 1 は、「合理の原則」である。この概念は、「取引制限」に具体的な意味を与えるために裁判所が発展させた。米国での用法では、「合理の原則」という用語は概して、共同行為が競争にもたらす弊害と競争にもたらす便益とを比較衡量することを指す。もっとも、この用語を解釈してきた無数の判決は、この一般的な用語を修正する関連概念を付加してきた。そのうち最も重要なものは「付随的制限」である。ある正当な共同行為を支えるためだけに存在する別の共同行為は、合理の原則の基準を満たして正当とされる、という考え方である。

　他の法域では、「合理の原則」という用語は遥かに幅広い意味で使われることが多く、例えば、明文で定められたルールから逸脱する場合や、法律の

「合理的」適用をする場合を、指すことが多い。米国の議論ではほとんど相手にされないような意味で「合理の原則」という言葉が使われる様子を耳にしたことは多い。

　第２の重要な用語は、「当然違反」である。裁判所は、この用語を、それ自体として不合理とされるような行為を特に列挙するための概念として発展させてきた。つまり、そのような類型の行為については、反競争的だと確信できる経験を裁判所が蓄積してきた、ということである。

　「当然違反」というラベルを貼られた行為類型の場合には、原告は、行為があったことを立証しさえすれば勝訴できる。合理の原則による分析をする必要はない。これにより、原告にとって訴訟に要する費用は減り、勝訴の確率が高まる。問題の行為が、定められた範疇のものに該当することを立証することのほうが、その行為について合理の原則の分析をして行為がもたらす便益よりも反競争的な影響のほうが勝ることを立証するのよりも、遥かに容易であり訴訟に要する費用も大幅に抑えることができる。

　合理の原則と当然違反という２つの用語は、水平的な共同行為においても垂直的な共同行為においても、それらが違反であるか否かを検討する際に用いられる。

（a）水平的共同行為

　カルテルは、米国反トラスト法の発展の歴史の多くの時期においても、現在においても、米国反トラスト法が主な標的とする行為である。カルテルに関する判決例は数千にも及ぶ。

　「法と経済学革命」より前には、カルテルが米国反トラスト法の主な標的であったことの主な原因は、競争者間で競争を減らそうとする合意は明らかに競争制限に該当するように見えたことにあった。事例において注目された論点は、どのような場合に合意が成立したと言えるか、そして、合意によってもたらされる便益は競争への悪影響を上回るか、であった。

　反トラスト法の法目的論において経済的な影響に注目するのが主流となった現代においても、カルテル規制が重要であることはそのままであるが、なぜそうであるかという理由は変わった。経済的な影響に注目する法目的論において重要なのは、カルテル合意が経済的に悪影響をもたらすか否かである。さらに言えば、第５章で見たように、エコノミストは、他の類型の行為を分

析する場合に比べて、カルテル合意については、悪影響があるという点において遥かに強い自信を持っている。

　合理の原則による完全な分析を行うと、検討の対象が幅広くなり費用も高くなるので、合理の原則が適用される類型の合意のうちいくつかのものについて、裁判所は、簡略化した分析方法を編み出している。その 1 つがいわゆる「クイックルック」の検討手順であり、そのもとで種々の要素を検討したうえで、ある合意について合理の原則による完全な分析をすべきか否かを判断する。別の 1 つが、証拠収集のためのディスカバリの手続が用いられる範囲を限定するための裁量を裁判官に認めるという手法である。

(b)　垂直的共同行為

　反トラスト法の法目的論において経済的観点が重視されるようになる前には、垂直的制限行為の多くの類型は当然違反と考えられていた。

　しかし、エコノミストは、それらの類型に対して当然違反という分析をすると副作用をもたらし得ることを論証した。

　垂直的制限行為が競争への影響をもたらすか否かは、多くの要素によって決まる（第 5 章参照）。当然違反という取扱いをすると、実際には競争への悪影響をもたらさない合意を禁止してしまうという大きな危険がある。このため、裁判所は、ほとんど全ての類型の垂直的制限行為を当然違反の対象から外し、その結果、垂直的制限を禁止する判決が激減する状況をもたらした。そのため、判決の結果を予測するのはさらに難しくなり、また、訴訟は遥かに費用のかかるものとなった。行為の影響を分析するためには、複数の市場に関する幅広いデータを集める必要があり、そのため、そのような分析をするためには極めて高額の資金を要する。

6.2　単独行為──独占行為

　既に見たように、シャーマン法 2 条は、競争に弊害を与える単独企業の行為を問題とする際に「独占行為」という概念を用いている。この独占行為という言葉それ自体が不明瞭であり、1 世紀を超える経験によっても明瞭な意味は与えられていない。最近では、行為がもたらす影響の有無に重点を置く分析を取り入れたため、ますます独占行為の概念の有用性は下がっている。裁判所は、例えば、略奪廉売、取引拒絶、知的財産権を行使して競争を完全

になくしたり妨害したりするような行為、というように独占行為にいくつか
の類型があることを明らかにしてきているが、特定の行為が特定の影響をも
たらしたということを立証するのは、簡単ではないことが多い。

6.3　企業結合

　共同行為について経済学に重点を置く分析（行為がもたらす影響の有無に重点
を置く分析とも呼ばれる）をすることのインパクトは、企業結合にも及んでい
る。そして、水平型企業結合にますます重点が置かれ、垂直型企業結合・混
合型企業結合には相対的に注意が向けられなくなっている。

7　州の反トラスト法

　米国のそれぞれの州は、それぞれの反トラスト法を持っている。いずれも、
基本的には連邦の反トラスト法と似ているが、非常に詳細であることも多く、
また、それを子細に見ると連邦法とは大きく異なっている場合もある。
　州の反トラスト法が全米市場や国際市場での行為に適用されることはあま
りなく、ほとんどの反トラスト法実務家や外国の観察者にとって、重要性は
限定的である。また、概して、法執行が緩めである。
　しかしながら、いくつかの州（例えば、ニューヨーク州）の反トラスト法は、
時に一定の役割を果たすことがあるので、特定の行為について弁護士が助言
する際には、州の反トラスト法で問題とされる可能性がないかどうかも確認
する必要がある。

8　グローバルな競争法システムのなかでの米国

　この章の冒頭で述べたように、米国反トラスト法はグローバルなシステム
において多くの重要な役割を果たしている。他の法域の競争法関係者から見
て、米国反トラスト法は、参照すべき対象であり、安心して参照できる経験
や専門性の源泉であり、国際標準となり得るものを提供し、行為がもたらす
影響の有無に重点を置いて競争法を考える手法の強力な推進者である。
　米国反トラスト法のこれらの役割やイメージに鼓舞されて、米国反トラス
ト法の関係者も、グローバルシステムで活発な役割を果たしている。彼らは、

米国反トラスト法の基本的な理念や手法に満足しているか、そうでなくとも、少なくとも他の理念や手法よりは望ましいと考えている。米国反トラスト法は非の打ちどころなく完璧であると考えている者は少ないが、ほとんどの者は、基本的には「正しい」と考えている。その結果として、米国反トラスト法の関係者は、外国の関係者に対し、米国反トラスト法の基本的な理念や手法を見習うべきだと説得しようとすることが多い。米国関係者がそのような態度をとりがちであることの背景には、米国反トラスト法が、独自の発展を遂げ、しかも、他の法域にも影響を与える立場にある、という事情がある。

米国の経済的・政治的な力も、米国反トラスト法の国際的な影響力を支えている。米国政府の政治的な力は、外国のシステムの発展に対して影響力を行使するために用いられることがある。さらに言えば、政府は、米国外の法域が米国の望むような競争法上の判断をするよう、援助や技術支援を行うことがある。

私的な力や影響は、目には見えにくいが、しかし重要な役割を果たしている。例えば、米国の競争当局関係者や弁護士は、国際的な機関や国際的な会合において主導的な役割を果たすことが多い。彼らが重視され影響力を持っているのは、多くの要素によるものであるが、具体的には、国境を越える競争法問題における経験、特に経済学の利用における経験、米国関係の奨学金の充実、米国反トラスト法の法執行が世界中において実際上の重要性を持っていること、などの要素による。

米国の弁護士やエコノミストは、彼らが所属しているビジネスコンサルティング事務所や法律事務所などの私的な組織が持つ影響力の恩恵も受けている。それらの組織は、顧客の利益になる方向で外国の判断権者に影響を与えようとして、膨大なリソースを注ぎ込んでいる。このため、外国のビジネスコンサルティング事務所や法律事務所などのほうでも、例えば、顧客企業を紹介してもらえるのではないか、といった自己の利益のために、米国の事務所と関係を持とうとするインセンティブが発生する。

最後に、米国法が競争法の「正しい方法」を代表しているというイメージは、米国反トラスト法の関係者にとって利益となる「売り」を提供している。外国の関係者が米国を参考とする場合、そのような外国の関係者は、米国の専門家に指針や助言を求めるのが通常である。

米国反トラスト法とその経験は、長く、競争法に関する議論の中心であり、

そのことが、米国反トラスト法に対し、多くの外国の競争法に対する影響力をもたらしてきた。この中心的な役割を支持する者もいるが、そうでない者もいる。

第**9**章 欧州の競争法

　欧州の競争法は、競争法の世界において米国反トラスト法と並ぶ中心的な役割を担っている。国境を越えてビジネスを行うほとんど全ての企業は欧州競争法に注意を払う必要がある。多くの法域の競争法は、欧州競争法をモデルとし、参照の対象としている。欧州競争法の関係機関は、他の多くの法域の競争法関係機関に対して広く深く影響を与えていることが多い。違反要件をめぐる議論のいくつかの点は米国反トラスト法に似ているが、似ていると思い込むと誤りのもととなることも多い。検討手法・関係機関・法的手続は、米国とは大きく異なっていることが多い。

　EU 加盟国と EU それ自体のそれぞれの競争法関係機関は、一体となって、欧州における競争法を作り上げ、個別事例に適用し、法執行をしてきた。この章では、このように一体的に統合された 1 つの法域を概観し、そこで発展してきたいくつかの主要な理念、政策判断を形作る鍵となる要素、グローバルシステムにおける役割、などを見ていく。その仕組みは複雑であり、この章はその複雑さをうまく乗り越えることができるように組み立てられている。まず、全体の様子を知るために基本構造を概観する。次に、欧州競争法のシステムにおける加盟国の役割を明らかにし、EU の関係機関・検討手法・違反要件論を知り、EU の関係機関が判断を行うためにどのように加盟国のシステムと連携しているのかを明らかにする。

1　基本構造

　欧州の競争法のシステムは、EU 加盟国と EU それ自体の関係機関とその役割を編み上げて作られている。欧州委員会を中心とする EU の関係機関は、EU 全体に関する競争法の政策と理念を形成し発展させている。EU の関係機関は加盟国による法適用をも制御する役割を担うが、加盟国の機関が EU の機関の言うことにどれほど従おうとするかというと、様々である。EU 法

を主に法執行するのは加盟国であり、加盟国はほとんどの取引に対して EU 法を適用しなければならない。他方で、いくつかの事例においては欧州委員会が自ら EU 法を適用し、また、いくつかの加盟国においては加盟国による法適用に対して欧州委員会が非公式に指示を送っている。それぞれの加盟国は、自国の競争法も持っている。

　以上のような基本的説明は、行為の影響が加盟国の国境の内側に限定される場合にだけ当てはまることである。もし、行為の影響が加盟国の国境を越える場合には、加盟国は EU 法を適用しなければならず、したがって、そういった行為に対して重ねて加盟国自身の競争法を適用するインセンティブを持たないことが多い。

2　EU 加盟国の役割

　このようなシステムにおいて、加盟国は 2 つの主な役割を果たしている。第 1 に、加盟国は、欧州競争法の内容や手続に関する理念を形作るような考え方や経験を提供する。第 2 に、加盟国は、加盟国の機関と手続によって EU 法の法執行を行う。加盟国の機関にはそれぞれ自らの利害とインセンティブがある。それらは、EU の機関の利害やインセンティブと常に一致するわけではない。このことを踏まえておけば、法執行に関する判断を予測するうえで大いに役立つ。

2.1　EU 加盟国の経験

　欧州における競争法の発展を概観すると、欧州競争法の理念や関係機関を理解できるようになる。政治指導者らは常に、競争法を、産業化、経済格差、戦後の再建、インフレ、といった経済的・社会的問題に対する処方箋だと考えてきた。

　核となるいくつかの考え方は、1890 年に、ハプスブルク帝国の首都であるウィーンにおいて最初に明文化された。起草者らは競争法を、オーストリアの経済を改善するための（そしてドイツに追いつくための）道具だと考えていた。

　そのような考え方は、ウィーンから、ドイツおよび欧州の他の地域に広まった。1920 年代の終盤までには、競争法は欧州における経済政策の重要な論点となっており、競争法に関する基本的な共通認識が形成され始めていた。

　これらの段階において支配的であったのは、次の 2 つの考え方である。第 1 に、競争法の主な法目的は私的な経済力をコントロールすることである、という考え方である。私的な経済力が、競争のプロセスを歪め、その価値を損ねるかもしれないからである。第 2 に、そのようなコントロールを行うのは裁判所ではなく行政機関であるべきである、という考え方である。なぜなら、強力な企業に対して国の力を振るうためには行政機関のほうが適しているからである。裁判所は、このような任務に向いているとは考えられていなかった。以上のような基本的考え方は、競争法に関する思考法に深く根を下ろし、影響力を持ち続けている。

　競争法の法執行は、長い間、ほとんどされなかったし、もしされたとしても弱いものであった。欧州各国には、不況や戦争など、遥かに重い課題が山積していた。競争法の法典は漠然としており、行政の判断が政治から自由であることはほとんどなく、行政の判断に対する行政裁判所の司法審査は、手続的な観点に限定されたものであった。

　これが、1950 年代に変化し始めた。最初はドイツにおいて、そして最後には多くの他の欧州諸国においてである。

　ドイツが競争法に熱心だったのは、20 世紀前半の悲惨な経験と、経済力の過度の集中がナチスによる権力掌握を容易にさせたという認識が多数の人々に共有されていたことによるものである。「オルドリベラル」(大雑把に言うと、「秩序ある自由」) として知られる一群の法律家とエコノミストたちは、国家からの干渉と民間企業からの干渉の両方から競争のプロセスを守るための法規範が必要であると信じた。彼らは、競争法はそのような目的を達するための道具となり得ると信じたが、そのようなことが実現されるためには、競争法が「法」として認識され、司法的な手法と法的な手続に基づいて相対的に独立した機関が判断を行う必要があると考えた。このような考え方においては、もし、競争法が行政官僚の主導によって作られた単なる「政策」であって容易に変更したり撤廃されたりするようなものであれば、有効に機能しないということになる。

　オルドリベラルの人々は、このような目的を熱心に追求し、彼らが戦後ドイツにおいて重要な地位を占めると、ドイツ競争制限禁止法 (GWB) の制定を推進した。この法律は 1957 年に制定され、欧州における最初の「現代的な」競争法となった[1]。

　この法律では、独立の当局が競争法を適用する。そして、当局の決定が司法審査を受けるにあたっては、当局による手続違反の有無だけでなく、事業者の行為が競争法違反と言えるか否かも審査の対象となり、その際には、通常の裁判所による司法的な理由付けとチェック機能が発揮される。

　この法律は、活発かつ熱心に法執行をされた。この法律が、ドイツの社会的市場経済の成功の重要な要素であると考えた人は多い。

　その後の数十年の間に、他の欧州諸国が新たな競争法を制定し、既存のものに対して「法に基づく競争法」という要素を注入した。それらの諸国は、競争法の判断権者を外部の政治的・経済的な干渉から守り、司法的な手法や手続を重視し、同様の事実関係の事例を一貫して整合的に扱う必要性を強調し、判断を行う過程を透明化し、競争当局が調査を行い違反者に不利益を課する能力を高める、という方向性を強めた。

　これらの加盟国の経験が、1957 年の創設[2] 後における EU の競争法の原型となっている。加盟国は、考え方、価値観、そして経験を提供し、それらは、欧州統合のために採用され調整されていった。そのような発展過程においては、米国反トラスト法の経験が一定の役割を果たすこともあった。

2.2　EU 競争法の主な法執行者としての加盟国

　2004 年に、主に加盟国の数の増大に対応して、加盟国と EU との関係が一気に変更された[3]。新たな枠組みにおいては、加盟国の競争当局が、ほとんどの場合について、EU 競争法の主要な法執行者となった。加盟国は、国境を越える影響をもたらす行為に対しては加盟国競争法でなく EU 競争法を適用しなければならないこととなった。つまり、実際上、全ての重要な取引に対しては EU 法を適用しなければならない。その結果として、加盟国は、自国の競争法の内容も EU 法と基本的に同一になるよう調整している。もっとも、加盟国が法律の解釈において立場を異にする場合があることは、強調す

---

1)　ドイツ競争制限禁止法（Gesetz gegen Wettbewerbsbeschrankungen）であり、原著の刊行までの間、1957 年 7 月 27 日に制定され、1965 年、1973 年、1976 年、1980 年、1989 年、1998 年、2005 年、2013 年、2017 年に改正されている。

2)　Treaty Establishing the European Economic Community（Rome Treaty）[1957].

3)　Council Regulation（EC）No. 1/2003 on the implementation of the rules of competition laid down in Articles 81 and 82 of the Treaty [2003] OJ L1/1 amended by Regulation（EC）No. 411/2004 [2004] OJ L68.

る必要がある。

　欧州委員会は、加盟国による法執行を「制御」する。欧州委員会は、EU
法が EU 全体で一貫して解釈されているという状態を確保するため、加盟国
競争当局の判断をチェックしている。ある加盟国の競争当局が EU の理念や
政策から大きく逸脱した判断をしたならば、EU の担当官は、それが許容可
能な範囲に修正されるよう要請することになる。競争当局の組織である欧州
競争ネットワーク（European Competition Network: ECN）は、基本的には同様
の目的を持つ組織である[4]。ECN は、EU における競争法の一貫性と効率性
を高めるため、競争当局間の対話と協力を支援している。これらの制御の仕
組みがなければ、法執行はバラバラとなり、欧州統合を損なうことになるで
あろう。

　加盟国の競争当局でなく加盟国の裁判所に対しては、EU の関係機関は影
響力をほとんど持たない。したがって、加盟国の裁判所の判断は、加盟国の
競争当局の判断よりも、EU の標準的な考え方から逸脱する可能性が高い。
特定の加盟国における法的状況を分析するには、行政判断だけでなく、司法
判断も注視する必要がある。

3　EU の関係機関──誰がどのような声を発するか

　EU の関係機関は何を行うのか。どのように行うのか。その際にどのよう
なインセンティブを持つのか。これらは、EU における政策判断を解釈し予
測するための鍵となる。

3.1　欧州委員会とその役割

　欧州委員会は、EU の官僚機構の中心であり、EU 競争法の中枢である。
その職員は、特定の加盟国の利益を代表せず EU 全体の利益を増進させる義
務を負っている。競争法においては、欧州委員会職員は外部からの直接の政
治的干渉から守られている。

　競争法の問題は競争総局（Directorate General for Competition: DG Comp）が
所掌している。競争総局は 3 つの主な責務を負っている。第 1 に、政策を立

---

4)　European Commission, 'Overview—European Competition Network' (*European Commission*)
　〈https://ec.europa.eu/competition/ecn/index_en.html〉 accessed November 4, 2019.

案し具体化することであり、欧州委員会の考え方や実務に関するガイドライ
ンや見解を起案する。第 2 に、EU レベルで法執行をすることとされている
個別の事件に競争法を適用することである。第 3 は、加盟国による法執行に
指針を与えることである。競争総局長は、競争総局の活動を指揮し、政策形
成や欧州委員会の他の部署との連携において重要な役割を果たす。

　競争担当の欧州委員会委員は、競争問題の取扱いについて委員会全体に対
して責任を負っている。競争担当委員の競争総局に対する影響力は極めて大
きい。競争総局からの委員会への提案は、委員会に諮る前に、競争担当委員
の了解を得る必要があるからである。大きな政策決定は委員会全体の承認を
得なければならないが、実際には細かくは見ていられないので、通常は競争
総局の提案がそのまま承認される。その結果として、競争担当委員はマスメ
ディアの注目の中心となることが多く、EU 競争法に関する対外発信の象徴
となる。

　リーガルサービス部は欧州委員会の一組織であり、競争法において重要な
役割を担う。リーガルサービス部は、競争総局が作成した案について、EU
の条約や法令との整合性を審査する。競争総局の案に問題があると考える場
合には、リーガルサービス部は、競争総局と協議して修正を求めたり、修正
を条件として原案を了承したりする。

3.2　EU 裁判所と欧州議会

　個別の事例における欧州委員会の決定をめぐっては、2 つの EU 裁判所が
考え方やルールを具体化させる。ほとんどの訴訟は、欧州委員会から課徴
金*）を受けた企業を原告とするものである。普通裁判所（かつては第一審裁
判所という名称であった）は、ほとんどの競争法事件を取り扱う。その判決は、
最上級審である司法裁判所に上訴できる場合があるが、そのようなことは実

---

　*）　EU の "fine" は「制裁金」と訳されることが多い。しかしこれは、日本の課徴金について、
　　課徴金は制裁ではないから刑罰と併存しても日本国憲法 39 条後段の二重処罰禁止に抵触しない、
　　という説明が頑なに用いられていた時代に、制裁の色彩の強い EU の "fine" を「課徴金」と呼
　　んだのでは自己矛盾のようで具合が悪い、という論理で生成された訳語であると思われる。現
　　在では、日本の課徴金制度が憲法に違反しないことの説明は別の方法で行われており、日本の
　　課徴金に制裁の色彩があることは否定されていないので、EU の "fine" に殊更に「課徴金」以外
　　の訳語を充てる必要性は失われているように思われる。そのような観点から、本書では、EU に
　　関係しない部分も含め、競争法違反行為に対して行政的な機関が課する金銭的不利益について
　　は「課徴金」という訳語で統一した。

際上、多くはない。2 つの裁判所の裁判官は、出身の EU 加盟国からの推薦により、加盟国間の協議による同意を経て任命される。

　欧州議会は、競争法においてはさほどの役割を担うことはないのが通常である。しかし、欧州委員会は活動報告を欧州議会に提出する義務があり、議員は欧州委員会の政策決定について質問する機会を与えられ、欧州委員会の政策決定のうち欠点や弱点であると考える部分について意見を公表することができる。欧州議会の討論を見ると、どのような要素が欧州委員会の決定に影響を与えているかを知るための有益な手がかりを得ることができる。

4　法目的

　EU 競争法はいくつもの法目的を追求しており、時により、そのうちのいくつかのものが強調されたり、また別のものが強調されたりする。そのなかでは、次の 2 つの段落で概観する 2 つの法目的が、EU 競争法の発展のなかで特に中心的な役割を担ってきた。いずれも、時を経るにつれてその姿を変え、徐々に 1 つの法目的として掲げられるようになってきたが、相互に関係し合っており、観察者にとって常に予測しやすいものではない。

　そのうちの 1 つの法目的は、欧州の統合を支援する、というものである。この法目的は、EU の形成期においては中心的な意味を持った。欧州統合が成功するか否かは、EU の創設のあと、何十年かの間は定かでなかった。競争法は、加盟国をまたがる取引に対して私的な壁を作ろうとする動きを壊し、大きな、統合された欧州経済圏がもたらす長所へと目を向けさせるための道具として、しばしば用いられた。例えば、初期の重要な事例において競争法は、知的財産権を用いて EU 経済圏を加盟国ごとの経済圏に細分化しようとする行動を抑えるために用いられた。もし競争が欧州の多種多様な人々に利益をもたらすのであれば、多くの人々が欧州統合の継続を支援するであろう。欧州統合の観点から競争法を用いようとする考え方の背景には、そのような信念があった。欧州経済圏の加盟国ごとの細分化を抑えるために競争法を用いるという手法は、効果的であると受け止められたため、1990 年代までは、競争法の法執行における中心をなしていた。

　もう 1 つの中心的な法目的は、競争のプロセスを弊害から守る、市場をさらに効果的なものにする、ということである。弊害に関する考え方は時が経

つにつれて進歩したが、ずっと変わらないのは、経済力を用いて競争を歪曲することに対する懸念である。競争のプロセスを守るということ自体は、欧州の競争法に限らずどのような競争法でも持つ法目的であり、欧州統合とは必ずしも関係しない。

　これらの 2 つの基本的な法目的が融合し始めたのは 1990 年代であり、米国反トラスト法が米国経済の成功に貢献したと考えられていた時期である。このため、EU 競争法の政策決定権者は、「さらに経済的なアプローチ」へと舵を切った。すなわち、効率性や需要者厚生をさらに重視する、ということである。EU の担当官らは、この経済的な影響を重視するアプローチが EU のシステム全体で共通に使うことのできる枠組みとなって欧州統合に貢献するのではないかと考えた。この意味で、欧州統合という法目的は経済的な法目的とは切っても切れない関係となった。

　経済的な法目的と欧州統合という法目的は、今後もさらに発展し、渾然一体となった法目的を形成して、それをもとにして EU の判断権者は具体的な判断をしていくことになるであろう。その結果として、新たな問題に対する柔軟性や適応可能性がもたらされ、同時に一定の不確実性も生ずるであろう。しかし、一般論として言うと、最近の欧州委員会や裁判所の事例を注意深く研究すれば、欧州委員会や裁判所に好まれる法目的が明らかになり、不確実性を大きく減じることができるであろう。

5　違反要件──判断手法と対象行為

5.1　基本構造

　事例中心で発展してきた米国の反トラスト法とは対照的に、EU の違反要件論は、主に、基本となる条約と、裁判所と欧州委員会による条約の条文の解釈に基づいている。1957 年に EU の前身となる組織を創設したローマ条約は、競争法に関する 2 つの基本的な規定を持っていた。それらが現在に至るまで維持され、現在では、2004 年に署名された条約である TFEU に盛り込まれている[5]。2 つの基本的な規定のうちの 1 つは反競争的な合意を取り扱い、もう 1 つは支配的地位濫用を対象とする。それらとは別に、企業結合規

---

5)　Treaty on the Functioning of the European Union [2012] OJ L326/47.

制の規定がある。

　101 条 1 項は、競争を制限する合意を禁止する。競争を制限することを主要な目的とする合意も禁止するが、分析した結果として競争を制限していると判断された合意も禁止する。その意味で非常に広い範囲の行為が違反となる可能性を持つ。

　しかし実は、101 条 1 項に該当しただけで禁止されるわけではなく、101 条 3 項によって、4 種類の適用除外条件が規定されており、結果として、違反となる合意の範囲は大幅に狭まっている。これらの適用除外条件は、本書第 5 章 1.3 で述べた比較衡量の EU 版であるが、米国版の比較衡量と比べると体系的である。基本的で大雑把な基準だけを述べると、合意が適用除外とされるのは次の 4 つを全て満たす場合である。（1）商品の製造や流通の改善や技術的・経済的進歩に寄与するものであること。（2）得られた結果のうち適切な部分を需要者に還元するものであること。（3）その目的を達成するために必要でない制限を課すものでないこと。（4）事業者が市場における競争を除去してしまうような力を与えるものでないこと。以上の 4 点である。これらの適用除外条件がどの範囲にまで及ぶかは、競争法において常に関心事となる。

　EU の裁判所は大量の判決を生み出しており、EU 法を適用する機関はそれらに従うこととなっている。EU の裁判所の解釈手法は、以下の 3 つの基本的考え方を組み合わせたものである。第 1 が、欧州大陸の法的伝統である。そこでは、成文化された法的文書の解釈に重点が置かれる。ほとんどの裁判官は、この「制定法主義の伝統」のもとでの訓練を受けている。第 2 は、EU の独特の法的性格であり、重要な価値があると考えられている欧州統合の理念である。第 3 に、法的規定を適用する際には事業者の行為がどのような経済的影響を持つかを検討する必要があるという考え方である。

　欧州委員会は、裁判所の解釈には従わなければならないが、欧州委員会の判断が時期によっては一貫していない場合もある。そしてその原因が、担当官の訓練や経験の違いに関係している場合もある。法的な訓練を受けた担当官もいれば、経済学など他の分野の訓練を受けた担当官もいるからである。しかしながら、欧州委員会は、現時点での実務について多数のガイドライン等の情報を発信しており、個別の事例に取り組む場合には、それらの情報に十分に注意する必要がある。それらの情報は、欧州委員会のウェブサイトに

おいてわかりやすく掲げられている。

5.2　対象となる行為

（a）水平的合意

　経済的影響の有無を重視する考え方は、水平的合意に注目する考え方に繋がる。水平的合意の違反の成否を判断する際、経済学は中心的な役割を果たすはずであるが、しかし、米国反トラスト法の場合とは違って、EU では、経済学はさほど大きな役割は与えられていない。経済学は 101 条 3 項の適用除外の判断の際に用いられる。したがって、そこで登場する分析は、米国の場合とは異なり、条文の構造の制約を受けることになる。そこでは、適用除外の細かな条件を満たすか否かが第一義的な関心であり、欧州委員会は、分析の体系性を高めるために推定ルールを用いる。

（b）垂直的合意

　垂直的合意に対しても、水平的合意と同じ基準が基本的には使われるのであるが、垂直的合意の場合には次のような 3 つの大きな理由により、問題は複雑なものとなる。

　第 1 に、第 5 章で述べたように、垂直的合意の場合には経済分析そのものが複雑となる。複数の市場が関係し、弊害をもたらす仕組みの解明が難しいからである。

　第 2 に、経済分析に基づく判断を更地から行ってよいわけではなく、条約の条文の制約のなかで経済分析を行わなければならないからである。規定された適用除外条件のいずれかに該当しなければ、そもそも議論の余地なく違反となってしまう。

　第 3 に、欧州の市場は集中度が高いことが多いため、ある 1 つの市場で力があるとその力が別の市場で弊害をもたらすために利用される可能性が高い。市場集中度が高いため、力の利用は特に政治レベルで警戒されやすく、垂直的合意に対する規制を行うべきだという方向となりがちである。

（c）支配的地位濫用

　以上に述べたことは、単独行為（支配的地位濫用）にもある程度は当てはまる。

単独行為の違反基準は他のいくつかの国よりも体系化されている。すなわち、市場は明確に画定されなければならず、そこにおいて支配的地位があることが示されなければならない。濫用の基準も他よりは具体的となっており、それを満たさなければならない。

ただ、欧州の競争法はその発展の過程で一貫して力というものに注目してきたので、新たな形態の力に対しても問題なく対応する柔軟性があるとも言える。典型的であるのは、支配的地位濫用の認定において、大量のデータを取り扱う Google や Facebook のような企業について、データを取り扱っているという事実やそのような企業の大きさを考慮に入れることについて、柔軟であるということである。

さらに、欧州では経済に対する政府の関与が大きいので、そのことが、各加盟国の経済圏が小さいという事実と結びつき、多くの市場において支配的企業を生み出している。そのうちいくつかのものは、自国政府から「ナショナルチャンピオン」として支援を受けている。

以上のようなことの結果として、支配的企業の行為は競争法の理論と法執行において大きな注目点となっている。

(d) 企業結合

競争法のうち企業結合規制は、ローマ条約よりずっと後に導入された。いくつかの加盟国が抵抗したからである。現在でも企業結合規制に対する抵抗は存在するが、かなり減少している。

欧州委員会が依拠する企業結合規則は、元を辿れば EU の条約に根拠のあるものであるが、条約それ自体のなかで規定されているわけではない[6]。企業結合規制においても経済的な影響が最大の関心事ではあるが、データの支配など、経済以外の力に対しても目を向ける柔軟性は企業結合規制においても明確に存在する。

企業結合のなかでは水平型企業結合が最も注目され、米国と同様に経済学の役割は大きく、集中度の水準が重視されるなどするけれども、データの支配など広い意味での力という概念に対しても注意が向けられており、それは、水平型企業結合のみならず垂直型企業結合や混合型企業結合を論ずる場合に

---

6)　Council Regulation (EC) No.139/2004 on the control of concentrations between undertakings (EC Merger Regulation) [2004] OJ L24/1.

も同じである。

6　国際的役割

　EU競争法は、米国反トラスト法と同様の国際的な役割を担っている。EUも米国も政治的・経済的な力があるため他の法域の競争法に対して影響力がある。また、EU競争法も米国反トラスト法も域外にまでまたがる法執行を行っている。したがって、世界中の弁護士、企業、当局は、EU競争法と米国反トラスト法の動向を注視せざるを得ない。これに加え、EUの国際的な役割には以下の3つの背景がある。

　第1は、欧州と他の法域との間の法的・文化的・歴史的な関係である。ラテンアメリカ、アフリカ、南アジアなどのほとんどは、欧州の制定法主義の考え方に基づく法システムの一部として競争法を導入している。したがって、そういった法域では欧州の法的機関と同様の法的機関を持っており、また、欧州の手続と同様の手続に従うことになっているため、欧州の法システムから導かれた思考方法によって検討を進めることになる。それによって、理解が促進され、意図が理解されやすくなり、誤解の可能性を減らしている。以上のようなことがあるため、欧州競争法の影響力はこれらの地域において大きい。

　第2は、最近になって競争法を導入した法域の多くが直面する課題に、欧州競争法も直面してきた、という点である。20世紀において、多くの欧州の国々は、経済的に弱く、国の関与が大きい社会主義的経済から、市場経済へと移行した。欧州の国々では、競争という文化を築いて市場経済を根付かせるための道具として競争法を用いる、という状況が多かれ少なかれ存在した。欧州には、経済において国家が大きな役割を担うことを好むような根強い傾向がある。そのなかで、欧州の競争法は、正統性や支援を確保し、進化を続ける必要があった。米国では競争という文化が根付いているので競争法は単に「法を個別事例で執行する」だけでよいが、欧州の競争法は、それとは異なり、法執行をすることを受け入れてもらう、というところから始める必要があった。21世紀においては多くの国が同じ問題に直面しており、そこにおいて欧州の経験は大いに役立つのである。

　第3に、EU競争法は、他のいくつかの法域の競争法に直接の影響を与え

る。例えば、スイス・ノルウェー・英国は EU には加盟していないが、取引
や投資における混乱を防ぐため、自国競争法と EU 競争法との間の調和を目
指している。また、加盟希望国の EU 加盟を認める場合には、EU はその国
の競争法を認証することになるので、結局、加盟希望国の競争法が EU 競争
法と整合的であることが加盟の条件となる。したがって、既存の加盟国や、
これから加盟しようとする国々は、EU モデルに従うことになる。

　EU 競争法の重要性と影響力はますます高まっており、その特徴や考え方
も重要性を保持し続けるであろう。

第10章 ── 他の法域の競争法を理解する方法

　米国と欧州以外にも、競争法の世界には 100 を超える法域の競争法が存在する。そのなかには、存在感の大きなものもあれば、そうでないものもある。1990 年代より前には、ほとんどの法域の競争法は、そもそも存在しなかったか、存在したとしても法やビジネスにおいてほとんど存在感はなかった。1990 年代以後にグローバル化が広く深く進行したため、状況は一変した。以上のことの結果として、ほとんどの法域の競争法は、比較的若く、それぞれの目的に応じた理念、手法、実務を築き上げようとしている段階にある。

　この章では、個々の法域の競争法を事細かに紹介することはしない。そのようなことをするには、競争法を持つ法域が多すぎる。個々の法域が米国や欧州ほどの主導的な役割をグローバルシステムにおいて担っているわけでもない。

　むしろ、この章では、どの法域の競争法を語る場合にも共通して鍵となる前提条件を語っていくこととしたい。これらの「前提条件」を知ることによって、ある法域において鍵となる情報を見つけやすくなり、「見るべき点はここです」と言いやすくなる。そして、その法域の競争法を的確に理解するために有益な質問をしやすくなる。雑多で無用な藪を切り開き、本当に知るべき情報へと導いてくれる。そういった前提条件を知り、それらの前提条件がどのようにして競争法に影響しているのかを知ることは、どの法域の競争法を見る場合にも極めて有益である。細かなことを紹介するのでなく、細かなことにまで沁み渡るように、その構造を理解し、全体を把握することを目指す。

　いくつかの特定の前提条件を共有する複数の法域の競争法が、1 つのグループまたはファミリーと呼べるものを形成することも多い。そのような「共通の前提条件」を知れば、そのグループに含まれる複数の競争法の類似点・相違点やそれらの相互関係を理解しやすくなる。本書では、3 つのグループ、すなわち、東アジア、ラテンアメリカ、そして新興成長経済圏、を例として見ていく。

1 様々な前提条件

　法的、経済的、政治的、そして社会的、といった様々な前提条件が、競争法の背後に必然的に存在する。それらの前提条件が、政策判断を形作る枠組みを提供したり、インセンティブを提供したりする。それらを理解して初めて、その法域における過去の出来事を理解し、将来を予測できるようになる。

1.1 国内経済

　政治的指導者が競争法を導入するのは、自国の社会に利益をもたらすためである（時には自分自身に利益をもたらすために導入する指導者もいるが）。したがって、国内経済の状況がどのようであるかは、必然的に競争法の内容に影響を与える。経済はどれほどの大きさか。貿易や投資に対してどれほど開放的か。何を生産し何を購入するか。それらに対する答えを知るだけで、競争法上の政策判断を理解できる場合がある。

（a）規　模

　国内経済の規模は、競争法の構造や強さに影響する。例えば、国内経済の規模が大きいならば、市場も大きく、潜在的な競争者も多くなるため、市場が拡大したり多様化したりするきっかけが多くなる。競争法に対して批判的な論者は、大きくて開放的な市場においては、放置しても結局は市場原理によって競争制限行為は消滅するので、競争法は不要である、という主張をする。これは、例えば米国では珍しくない主張である。それに対し、小さな市場は、市場支配や市場操縦に弱く、濫用行為が起こりやすい。

（b）所得水準

　所得水準が高いと、消費者の支出は多くなり、個人や企業が投資する余地も高まる。そのような状況は、消費者がどのような商品役務をどれだけ購入するかに影響し、新たな企業の参入を促し、競争を活発化させる。それに対し、所得水準が低いと、多くの事業分野で競争は弱くなり、国内の生産者を保護しようという意見が高まることになる。

（c）開放性

国内経済が外国からの貿易や投資に対して開放的であれば、その国の市場における競争も活発となる。このような場合には競争制限行為を取り締まるための競争法は必要ないと考えられてしまうこともあるが、逆に、競争法を使って外国からの脅威をコントロールしようという願望が生ずることもある。そのような願望は、国内生産者を支援したいと考える小さく未発達な国では特に、大きなものとなる。

（d）技術発展

高度な技術を持つ企業が多く存在する経済圏においては、投資や研究開発が高水準であることが多い。技術の観点から指導的な役割を担うには、投資や研究開発が必要だからである。そうすると、市場も競争的となり、国際競争においても高い地位を占めるようになる。そのような国の競争法の関心事項は、大企業によるカルテルが需要者に害を与えないか、というところに向かう。

それに対して、技術発展の水準の低い経済圏の競争当局の担当官は、国内生産者を保護することに関心を持つ。したがって、カルテル、とりわけ国内企業同士のカルテルにはあまり関心がなく、特に外国企業による力の濫用に注意を向ける。

これらの経済的な前提条件は、競争法の法目的論や法執行に影響を与えるだけでなく、関係機関や検討手法にも影響を与える。大きな経済においては、小さく弱い経済よりも、競争当局に多くのリソースを振り向けるため、競争当局は、効果的な手法を採用することができ、それを使いこなせるような訓練や経験の豊富な担当官を採用することができるようになる。

1.2　社　会

社会の構造はどのようになっているか。政治エリートや経済エリートはどのような人たちか。それらのエリートはどれほど閉鎖的か。どの階層とどの階層が繋がっているか。どのような人に社会的地位があるか。組織と組織はどのようにして連携するか。これらの質問に答えることができれば、その法域において競争法が実際にどのように機能しているのかを理解しやすくなる。

例えば、その社会における政治力や影響力や富の力が一握りのエリートに強固に埋め込まれているような社会においては、競争法において何をどれほど規制するかに対してもそのようなエリートの利害が反映される。判断権者がそのようなエリート集団の出身であれば、同じエリート集団に属する他の誰かが経営している企業に対して立ち入った調査をすることはない。

エリートのこのようなインセンティブは、別の要素によって打ち消される場合もある。例えば、自己の地位が社会不安によって脅かされていると感じるエリートは、競争法を使って公正さを促進し国内の中小企業が競争に参加する機会を保護するほうがエリート自身の利益にもなると考えるかもしれない。このような社会的前提条件は、競争法の表向きの議論ではあまり触れられないが、それを知ればわかることはたくさんある。

1.3　文化と宗教

その法域における文化的価値観や宗教的価値観も、競争や法に対する態度に影響を与える。それらについて少しでも知っていれば、その法域の競争法を知るのに役立つ。例えば、宗教組織は「共同体」の価値を高めようとするものであるので、競争というものを脅威として捉えることが多い。そのため、競争法に対する支援に悪影響が生じたり、競争法においても公正を重視する法目的論が支援を受けたりすることになる。産業発展を遂げた多くの社会、特に西洋の社会においては、そのような影響は小さめであることが多いが、新興成長経済圏においては往々にして重要な要素である。

文化的価値観も、同様の役割を担うことがある。例えば、外国による支配や階級支配を受けた歴史を持つ地域の人々の多くは、市場原理を信頼していない。市場が経済権力や政治権力、とりわけ外国の力によって操られるのを恐れているからである。その結果として、自分たちが信用しない競争というものを保護しようとする政府の努力に対しても価値を見出そうとしない傾向がある。それに対し、米国において反トラスト法に対する政治的支援が通常は根強いのは、競争というものに高い文化的価値が与えられているからである。

1.4　政治的背景

競争法に対する国内での支援の量・形態・方向性がどのようなものである

かによって、政府がどのような法目的を重視しどこに法執行の重点を置くか
が左右される。

　その法域の政治的背景を知るのに特に有益な切り口は、以下のようなもの
である。

　(1) 政治は安定しているか。政治が弱体であれば、権力の保持などの短期
的な問題に注力しがちとなるので、競争法のように、長く待たなければ効果
が現れない（もしかしたらいつまでたっても効果が現れないかもしれない）ような
ものは真剣に支援されない。もっとも、例えばライバルを追い落とすという
ような短期的な政治目的に役立つ場合には、競争法が使われることもあるか
もしれない。

　(2) 官僚機構と裁判所は腐敗しているか。腐敗しているとして、そのこと
は広く社会に知られているか。この点は、多くの法域において重要な問題で
ある。担当官が企業から利益供与を受けているような競争当局は、利益供与
者に対して真剣に法執行活動をする可能性は低い。競争当局が腐敗していな
くとも、競争当局の判断を審査する裁判所が腐敗している場合もある。その
ような腐敗があることが公然と知られていたり、そうではないかと疑われて
いるような社会においては、競争法が人々の信頼を得ることは難しい。

　(3) どの政治的組織が競争法に影響を与えることができる地位にあり、ま
た、現に影響を与えているか。民主主義においては、「国民」の意思が、多
くの場合は公正に選挙された議会を通じて、最大の影響力を持つ。しかし、
権威主義的な法域では、支配者が自己に有利となるように法を支配し、法は
支配者による権力発動の道具となる。このような場合には、競争法の機能は
損なわれる。権威主義の影響は、可視化されていない場合もあるが、注意深
く観察するに値する要素である。

1.5　国内法の法システム

　個々の法域の競争法は、その法域の法システム全体の基本理念に基づいて
動くことになるので、その法域の法システム全体の基本理念を知れば、競争
法がどのように機能するかを深く知ることができる。

(a) 法の受け止められ方

　法というものが人々にどのように受け止められているか、という点は、競

争法にも深い影響を与える。

　例えば、法というものが独立の領域を形成しており、政治的に独立した機関が確立した手法に則って法理論を適用する、という社会もある。そのような社会においては、競争法関係機関が行う政策判断も、予測しやすいものとなる。

　しかし、多くの国においては、そうではない。法というものは、理論に則って独立に運用されるものというよりは、政府が自分の目的を実現するための道具だと理解されている。そのような場合には、競争法関係機関が行う政策判断は予測も位置付けも難しくなる。そのような政治的背景は、競争法がどのように機能するかにとって重大なことであるが、競争法だけに関係する問題ではないためか、見逃されることが多い。

(b) 法的な「声」

　法的な「声」を発する者は様々である。どの者が発するメッセージがどの競争当局関係機関の行動に影響を及ぼすかを知ることは重要である。

　例えば、法域によっては、裁判所の地位が特に高く、法を解釈し、適用し、時には新たな法を作り出すような権限を与えられている場合がある。そこでは、裁判所の「声」が、競争法にとって特に重要であるということになる。

　ところが、法域によっては、議会の声の影響力が最も大きく、裁判所は狭い解釈権限しか与えられていない場合もある。日本のように、行政機関が特に高い地位を持ち、競争当局の「声」が競争法において最も重視される法域もある。

1.6　国際的な役割や地位

　ある法域の競争法が他の法域の競争法とどのような関係にあるか、という点も、その法域の競争法においてどのような政策判断がされるかに影響を与えることが多い。そのような国際的な関係については第 11 章で詳しく述べる予定であるが、ここで必要な範囲で少し触れておきたい。

　1 つの要素は、その政府や競争当局が金銭的支援などの援助を外国にどれほど頼っているか、という点である。例えば、その法域が外国からの投資に依存している場合、そのことは必然的に、その政府が競争法に関連して行う判断にも影響を与える。そのような政府は、外国の投資家に対して歓迎の意

を示すような法律を制定するかもしれない。また、そのような政府は、外国からの投資を躊躇させるような法執行をしないように競争当局に指示を出すかもしれない。同様に、民間経済というよりも政府それ自体が経済的援助や政治的支援を必要としている場合もある。そのような場合には、政府は、支援してくれそうな外国の関係者が、自国の競争当局の政策判断に対して影響力を行使することを容認するかもしれない。

　国際的な関係がもたらす影響は、目に見えにくい場合もある。

　例えば、表向きの見解においては西洋のモデルを持ち上げつつ、実際の政策判断においては国内の利害調整に重点を置いている場合もある。このような場合には、「教科書に書いてある法」と「実際の法」との間の乖離が大きくなり、その法域において実際には何が政策判断に影響を与えているのかがわかりにくくなる。

　競争当局の英語のウェブサイトと自国語のウェブサイトを見比べれば、そのようなことに気づく、ということもある。英語のウェブサイトでは競争当局や政府がその国の競争法の法目的や実務について一定のことを述べているものの、自国語のウェブサイトでは異なることが述べられていることもある。

　したがって、アウトサイダーは、外国向けに発信された公式見解に価値があると信じ込むことなく、その法域で実際には何が起きているのかを知っている者に確かめる必要がある。

2　共通した前提条件を持つ法域のグループ

　複数の法域において共通している重要な前提条件を浮き彫りにすることは、極めて有益である。それらの前提条件がわかれば、その複数の法域のグループにおいて何が重要であるかがわかるし、1つの法域についての知識を活かして他の法域について何に注目すべきかを知ることもできる。何が似ていて何が違っているかを知ることは重要であり、なぜそうなっているのか、ますます知りたくなる。以下では、3つの法域グループを例示して、以上のようなことを実証し、個々の法域や法域グループに関する理解を深める。

2.1　東アジア——官僚機構が強固に確立し政治的支援を受けた法域の競争法

　東アジア（中国・日本・韓国）の競争法では、官僚機構が中心的な役割を担

っている。ほとんどの法域の競争法において官僚機構は重要であるが、しかし東アジアにおける官僚機構の影響力は際立っている。なぜなら、官僚機構が、「強固に確立している」という条件と、「政治的な支援を受けている」という条件とを、両方とも満たすからである。「政治的な支援を受けている」というのは、つまり、政治的指導層の政治理念や性格がどのようなものであるかは別にして、とにかく政治的指導層からの支援を受けているということである。「強固に確立している」とは、社会や文化に深く根付いており、長い歴史のなかで官僚機構の地位が絶え間なく強化されてきた、ということである。多くの法域の官僚機構は、これらの 2 つのうち 1 つは満たしているが、両方を満たしている官僚機構は東アジア以外にはほとんどない。

　東アジアの官僚機構を支援し強固に確立させている基本的考え方として「儒教精神」が挙げられることが多い。この言葉は注意深く用いる必要がある。儒教精神とは、次のような考え方を指す。（1）社会は有機的であり、社会のなかの一部分は常に他の全てと繋がっている。（2）官僚機構は社会における主導的役割を担っており、そのため官僚の社会的地位は高い。（3）個人の自由より社会の調和が尊重される。（4）社会の調和は、網の目のように入り組んだ義務負担によって支えられている。（5）教育が重視され、社会の階層構造を常に再強化している。

　これらの考え方が、2000 年ほどにわたって、東アジアの文化を形作ってきた。それは最初は中国で現れ、その影響は東アジア全体において根強く残った。少なくとも 19 世紀までは。その後、このような考え方は少しずつ弱まっている。しかし、政治や法のいくつかの側面においては、21 世紀においてもなお、これらの考え方が残っている。同じ東アジアのなかでも、中国・日本・韓国のそれぞれで大きく違っている点もあるが、それでも、これらにおいて「東アジアの官僚的集権主義」が主要な前提条件となっていることは間違いない。

2.1.1　中　国

（a）背　景

　軍事力の弱さ、技術の遅れ、暴力的な政治変動、などにより 100 年以上にわたって続いた混乱を経て、1949 年から、中国の官僚機構は中国共産主義の中心をなすものとして息を吹き返した。伝統的な官僚機構の特徴も残して

はいるが、そこには、党（中国共産党）の官僚機構との並立というものが付け加えられた。政府の官僚機構と党の官僚機構は、相互に複雑に関係し合い、党の担当官が政府の担当官と並び立つ役割を果たすことも多い。また、高い地位の官僚や裁判官は、党員でなければならない。

　この複雑な並立的官僚機構は、経済界とも重要な面で複雑に絡み合っている。北京の中央省庁や各地の官僚機構は、大企業の活動に参加することも多く、それらの大企業の市場における地位や繁栄を保護するためのインセンティブを作り出している。その結果、経営者や官僚は、自分たちがそのようにして市場を支配する力を脅かすものとして、競争法を見る場合がある。この、官僚機構と経済との結びつきが競争法をめぐる政策判断にどのような影響を与えているのかを見極めるのは難しく、官僚に尋ねても、彼らにはそれをわかりやすく解説する理由がないので、わからないままとなる。

　このような価値の連鎖は、官僚機構にとってのリスクともなる。義務というものは「相互主義」すなわちギブアンドテイクであるというのが文化的な伝統だからである。人々は、従順に振る舞う。しかし、支配者すなわち党は、見返りとして人々を守らなければならない。基本的に、中国の判断権者らは、経済発展と十分な雇用を提供するよう人々が官僚機構に対して求めていることに気づいており、官僚機構の運命は人々の支持を得ることができるか否かにかかっていることに気づいている。このような構造が中国の競争法を形作っており、アウトサイダーはこれを見過ごしてしまうことが多い。

(b) 法典の制定

　中国は、官僚機構の内部における 10 年にわたる検討を経て、2007 年に初めて、独占禁止法などとも訳される競争法典を制定した[1]。それは、欧州モデルを主体としているが、解釈と法執行においては米国反トラスト法の影響も受けている。

(c) 法目的

　独占禁止法の公式の法目的は、国外と国内に向けた官僚機構からのメッセ

---

1)　Zhonghua Renmin Gongheguo Fan Longduan Fa［Anti-Monopoly Law of the People's Republic of China］(promulgated by the Standing Comm. Nat'l People's Cong., August 30, 2007, effective August 1, 2008) CLI.1.96789 (EN) (Lawinfochina).

ージとなっている。外国政府や国際機関に対しては、中国は基本的に外国政府や国際機関と同様の法目的を追求している、と伝えている。しかし、対内的には、党と官僚機構が経済を発展させ「社会主義的市場経済」を高揚させることによって人々の生活を向上させることを約束している。競争当局は、独占禁止法の法執行において上記の両方の法目的を真剣に受け止めているが、党は都合よく考えを変えるので、法目的に関する最新の変化を注視する必要がある。

（d）関係機関と手法

　競争当局は官僚機構の一部であり、したがって、党はこれを支配しようと思えばできる。しかし、だからといって、党が競争当局を実際に支配しているとは限らない。競争当局の政策判断のほとんどは、政治的な重要性を持たないので、党は競争当局に任せている。しかも、競争当局は、競争法が西洋の意味で「法」として機能すれば、ひいては中国のために利益となることを知っている。中国法に外国から見た正統性が与えられやすくなるからである。このために競争法には高い地位が与えられ、外国の投資家から信頼されることになる。

　競争当局が用いる具体的手法は、米国と欧州から主に学んでいる。法解釈は主に欧州モデルによって行われているが、その解釈手法がドイツのように厳格に守られているわけではなく、「社会主義的市場経済」という法目的が、西洋にはない理念を競争法に持ち込んでいる。また、担当官は経済分析をするための高い力量を備えていることが多い。しかし、一般に、競争当局は理由づけをほとんど述べないので、アウトサイダーにとっては、「インサイダーの視点」によるアドバイスを得ることが重要となる。

　競争当局の決定に不服がある場合は裁判所が審理するが、裁判所も党の支配下にあるので、競争当局の考え方と根本的に異なる考え方がとられるということは考えにくい。

（e）違反要件と対象行為

　違反要件は、欧州、特にドイツの競争法をもとにしているが、しかしここでも、競争当局が中央政府の官僚機構に深く根差しており社会主義的市場経済を標榜しているという事実が法解釈に広がりを与える。それはすなわち、

全体的な経済政策が変化すれば法解釈や法執行の標的も変わるということを意味し、しかし、その変化が外部に知らされることはあまりない。

　したがって、競争当局の現在の実務が政府全体の政策との関係でどう位置付けられるかを精査することが重要となる。特に、官僚機構は中国企業を保護し支援することに多大の注意を払っており、中国企業が外国から買収される計画が持ち上がると詳細に審査されることが多い。同様に、官僚機構は支配的企業と結びついているので、支配的な中国企業に対する法執行は限定されており、支配的中国企業の競争者である外国企業に対する法執行を行うインセンティブがある。

　最高人民法院の解釈も、例えば、狭く制限された競争法関係民事裁判に関することなど、いくつかの分野では、大きな意味を持っている。

(f) 国際的な役割

　中国の官僚機構は、中国の政治的・経済的な存在感が大きいため、外国、特にアジアや新興成長経済圏の法域の競争法に対して、強い影響力を持っている。

2.1.2　日本と韓国

　日本と韓国も、官僚集権主義ではあるが、それは、開放的で民主的な議論が可能な政治システムのもとにある。日本と韓国の競争法は多くの重要な面において異なっているが、しかし以下では、両者の類似点と相違点に関する洞察を深めるため、まとめて取り扱うこととする。

(a) 背　景

　日本も韓国も、所得水準が高く、産業が発展し、技術の進歩した国である。いずれの経済も、自国企業による輸出や外国への投資に大きく依存している。国内では、日本で「系列」、韓国で「チェボル」と呼ばれ「車輪とスポーク」になぞらえられる企業構造が重要な意味を持っているが、以前に比べるとその役割は低下してきている。そこにおいては、銀行や少数の大規模事業会社が、それよりは小さな企業のネットワークの中央に位置して、中央に対する供給と服従の見返りに、各企業への支援が提供されてきた。これによって、経済の安定がもたらされ、高度の技術を持つ製品の輸出が発展したが、これ

はすなわち、中心に位置する企業が、これに従属する企業に対して、大きな
影響力を行使するということでもある。このような関係は、長い年月を経て
確立したヒエラルキーや相互依存関係の表れである。

　日本も韓国も、政治システムは民主的であり、中央政府の官僚機構が強く、
独立性を持つ裁判所がある。ただ、中国とは違って、官僚機構の力は一枚岩
ではない。官僚機構は他の関係機関から牽制される立場にあり、政治システ
ムは官僚機構に対してその政策判断に関する説明を求める立場にある。

（b）競争法の状況

　日本と韓国の競争法はいずれも、活発に運用されており、国際的にも一目
置かれている。いずれも、力があり強固に確立した官僚機構に深く根差して
いる。その結果、両国の競争法は、官僚機構の全体的な経済政策の影響を受
けやすいが、そのもとで基本的には、法理論と手続に則って運用されている。
競争当局は政治状況によって左右されるが、その具体的状況は中国とは異な
っている。

　日本については、官僚機構の役割を論ずる際に若干の歴史的背景を説明す
る必要がある。

　日本の競争法（独占禁止法）は第二次世界大戦後に米国の占領体制によっ
てもたらされたが、長い間、日本の官僚機構はその法執行をほとんど行わな
かった。官僚機構は、競争法の法目的とは正反対の経済政策を進め、当時の
通商産業省に代表されるような、経済発展を官僚機構が中心になって主導す
る体制を採用した。競争当局である公正取引委員会は、財政的にも政治的に
も、ほとんど支援を得ることはできなかった。

　しかし、1990 年代のグローバル化は、根本的な変化をもたらした。今では、
政府は経済発展に役立てるために競争法の助けを求めており、競争法を経済
政策の重要な柱としている[2]。政府の競争当局に対する支援は大幅に増加し、
法執行の数は増え、課徴金の算定率も引き上げられ、経済における中心的な
地位が確立している。官僚機構が中心的な役割を担っており強固に確立して
いるという状況があったからこそ、日本の利害に関する理解が変化したのに

---

2)　Ministry of Foreign Affairs of Japan, 'The Deregulation Action Program'（*Ministry of For-
　eign Affairs of Japan*, March 31, 1995）〈https://www.mofa.go.jp/policy/economy/summit/1996/
　recent/program.html〉accessed November 4, 2019.

合わせて競争法を劇的に変化させることができたのである。

　韓国の競争法は、日本に似た経験もしているが、異なる経験もしている。1980 年代に軍事政権が終わった後、政治システムは強い民主制に移行し、社会民主主義的な政府と、保守的で経済への介入を抑制する政府とが、代わる代わる政権につくという状況となった。

　チェボルの役割や力は政治における中心課題となることが多く、チェボルの力との関係で競争法をどうするかということが大きな争点となる。経済界のための政治を自認する政権と経済界を支配したいと考える政権とが入れ替わる不安定さは、韓国の競争当局である韓国公正取引委員会にとっても不安定で油断のならない状況をもたらしている。日本と同じように、韓国においても、法的組織や手法に対する尊重（「法の支配」）は存在する。韓国においては、競争当局は、その決定を覆すことに特にためらいを持たない裁判所とも対峙しなければならない。しかも、競争当局は、チェボルの力とそれに対する人々の反感との間の緊張関係のもとで仕事をしなければならない。さらに、チェボルがそれへの依存度の高い小企業を支配するなかで不公正が起きていると考えられている問題にも、対応する必要がある。しかし他方で、チェボルが国際的な競争力を維持するためにはチェボルの力を弱めてはならないという政治的圧力にも、配慮しなければならない。ともあれ、1990 年代以降、議会は、競争法と、競争法の法執行に携わる関係機関とを、大きく強化した。

　両国は、競争法の法典においても、大きく異なっている。日本の独占禁止法[3] は、戦後の占領体制のもとで米国反トラスト法の考え方に基づいて制定されているが、競争法に限られない一般的な法システムは欧州大陸法を基本としている。このため、条文の解釈と適用は極めて複雑なものとなっている。そのことは、一貫性をもたらし知識を蓄積するという官僚機構の役割や、複雑なものを解読する研究者の重要性を、浮き彫りにしている。

　韓国の法典は、日本と比べると最近になって作られたものであり、欧州（特にドイツ）のモデルに従っている[4]。韓国競争法は、民主的プロセスを経て、韓国の実情に合わせて制定された。行政機関は競争法の解釈・適用にお

---

[3]　Act on Prohibition of Private Monopolization and Maintenance of Fair Trade（Act No. 54 of April 14, 1947）.

[4]　Monopoly Regulation and Fair Trade Act, Law No. 3320, December 31, 1980.

いて中心的な役割を担うが、裁判所や研究者も法解釈において大きな役割を
果たしている。

　日本においても韓国においても、競争法関係の民事裁判を起こすことは可
能であるが、原告として訴えようとする者に対する見返りは限定されている。
そのことは日本においては特にそうであり、手続的なハードルや文化的要素
が競争法関係民事裁判をためらわせる傾向がある。

　法執行の標的をどこに定めるかは、国内外の経済状況によっても左右され
る。大企業による輸出に頼る経済状況のもとで、両国の競争当局は、国内の
支配的企業に対して重要な法執行をしない傾向がある。そのようなことをす
ると、国際競争力を減退させる可能性があるからである。また、輸出依存の
経済状況は、さらに、競争法の観点からの中心的役割を官僚機構にもたらす。
すなわち、官僚機構は、外国における競争法の法執行状況を注視し、例えば
日本の利害の観点から外国政府や外国企業と交渉することにおいて、自分た
ちが最適の立場にあると考えるようになる。

　これらの国は、中央政府の官僚機構が競争法の前提条件となっていること
が明らかな例であり、また、これらの国を比較すれば、政治・社会・経済の
状況の違いが競争法にどのような影響をもたらすかを知ることができる。

2.2　ラテンアメリカ──社会的な力が集中した法域の競争法

　次に、経済的・政治的な力が一握りの社会的集団に集中する、という状況
が競争法を形作る前提条件となっている例を見ていく。これこそがラテンア
メリカの社会の特徴であり、そのような状況がどのような影響を与えている
かを理解すれば、この地域の競争法の特徴を知ることにも繋がる。

（a）力の社会的集中

　ラテンアメリカにおいては、富、政治力、社会的地位、経済に対する支配、
といったことが集中しているという状況が根深く存在する。16 世紀にこの
大陸を征服したスペイン人とポルトガル人は、大陸を山分けし、少数の個人
に大規模土地所有を許し、それらの少数の個人は大規模な農業や天然資源の
採集を行った。これらの少数のエリートが、政治を支配し、社会と教育を支
配した。植民地制が 19 世紀初頭に終了した後にも、多くの場合、このよう

な基本的な枠組みは継続した。少数エリート以外の者が財産や影響力を得る
のは、ほんの少しずつに限られた。多くの国では、中流階級は相対的に小規
模なままである。その主な原因は、経済活動の中心が、商業や新規事業より
は、農業や天然資源関係の事業に置かれたままであることにある。このよう
な富や力の集中は、社会の他の人々の間の反感を生み、摩擦をもたらすこと
がある。

　このような社会的・経済的な構造があるため、競争の役割は通常は限定的
である。しかし、いくつかの国においては、この状況は急速に変化している。
また、政府が経済をコントロールすべきであるという考え方に基づいた経済
発展の過程のなかで、力が社会的に集中しているという構造は次第に目立た
なくなってきている。

　20 世紀の後半において、ラテンアメリカの主な政府は「従属論」に基づ
く政策を進めた。その考え方の中心は、政府は国内企業を米国や欧州の巨大
で進歩した競争者から守り、輸入に頼るのでなく国内生産に置き換えていく
べきである、というものであった。この政策は、対象となる者らには恩恵を
与え、経済的な従属性から脱却する方策を促進した。しかし、それは一時的
なものに過ぎず、結局は、高度のインフレと経済の停滞をもたらし、周期的
な軍事独裁や政治的不安定さを加速させることともなった。

(b) 競争法の概要

　これらの要素があったため、1990 年代までは、競争法はあまり価値ある
ものとは考えられていなかった。しかしながら、それ以後は、経済のグロー
バル化と民主的政治体制の高まりにより、多くの国で競争法への関心が強ま
っている。エリートたちは、自分たちと社会にとって利益をもたらす道具と
して競争法を見るようになっている。競争法があれば、自国経済の居場所を
グローバル経済のなかに見出すことが容易になる、という考え方である。つ
まり、国内企業がグローバル市場のなかで競争する力が、競争法によって高
められる、という考え方であり、グローバルな経済関係における政府の役割
も、競争法によって増大すると考えられている。

　ラテンアメリカの競争法、という一般化をするのは危険である。法域ごと
の違いが大きく、変化も激しいからである。しかし、以下の 2 つの点は、指
摘するに値する。

　第 1 に、ほとんどの法域の発展にとって、伝統的エリート、重要性を強めている中流階級、経済的利益を高め経済や政治への参加を増やそうと模索する社会的弱者たち、の間の緊張関係や相互作用が、中心的な注目点である。

　第 2 に、そのような展開において、米国や欧州との複雑な関係が、重要な役割を演ずる。

　法制度は欧州の枠組みや実務を基盤に置いており、欧州との社会的・経済的な繋がりも強い。

　ところが、1990 年代以後、特にラテンアメリカの主要国において、米国反トラスト法の影響が強まっている。しかし、多くの場合、この影響の背景には、ラテンアメリカの国々が米国の政治的経済的な目論見から大きく逸脱しないよう、米国が政治的な介入や軍事的な介入をしてきたという歴史がある。このことは、ラテンアメリカの人々のなかの大きな怒りや抵抗に繋がっていることも多い。

(c) 法目的

　世界の経済や競争法システムのなかで重要な役割を担おうとする国々、つまり、チリ、コロンビア、ブラジル、ペルー、アルゼンチン、は、経済学的な指標を重視した法目的論、特に需要者厚生や効率性を法目的として重視する OECD モデルに従うインセンティブを持っている。これによって、投資を歓迎し熱望する国であるというメッセージを外国の政府や組織に発信している。しかしながら、国内の各種の集団は、公正性その他の政治的社会的な法目的を重視してほしいと考えており、それに応えようと努力している法域もある。

(d) 法執行の手法と関係機関

　経済学的な法目的を重視する法域では必然的に経済学的な分析枠組みを用いることになるが、ラテンアメリカの多くの国の競争当局は、新参で予算が乏しいため、高い水準を持つ人材を勧誘し引き留めて高度の経済学的方法を完全に用いることは難しい。その結果として、米国や欧州ほどに経済学的分析を活発に行うには至っていない国が多い。さらに、裁判官は、経済学的分析を重視することに抵抗し伝統的な法的分析に頼ろうとする傾向がある。

　競争法関係機関への支援が少ないことについては、いくつかの要因がある。

第1に、いくつかの国では汚職があるのは普通だと考えられており、政府機関への信頼を損ねている。第2に、多くの人々は競争というものに対して懐疑的である。その1つの面として、競争市場に参加し競争とは利益をもたらすものだと知っている人の数が相対的に少ない、ということがある。第3に、結局はエリートが、時には外国とも繋がりながら、市場を支配しているのだろうと思い込んでいる人が多い。

(e) 違反要件と法執行

法典は欧州モデルを基本としているが、その解釈や法執行には米国の影響が見られることもある。経済学的な法目的論が優勢な法域では、水平的合意、特に国際カルテルが標的となる。支配的地位濫用に関心を示す法域も多いが、これは、この地域における大きな関心事項であるインフレへの対策となると考えられているからである。一般的に言って、法執行は緩めであるが、エリートと中流階級の支援が得られる場合には法執行が急速に強まる可能性がある。

(f) 国際的な役割

ラテンアメリカの国々の多くは、世界の競争法システムのなかでは、どちらかというと周辺的な存在にとどまっている。ラテンアメリカの競争法を参考にしようとするラテンアメリカ以外の法域はほとんどないし、ラテンアメリカの個々の法域は、国際的影響力を持つには、政治的・経済的な力が限定的である。しかし、例えばブラジルやチリのように、数は少ないものの、世界の競争法システムにおいて一目置かれる法域も出てきている。

これらの国々では、社会的権力の集中が競争法の発展を形作っており、そのことを理解すれば、これらの国々の動きに対する分析の精度が高まる。

2.3　新興成長経済圏の国々──経済発展が急務となっている法域の競争法

新興成長経済圏の国々（Emerging Market Countries: EMCs）の競争法にとって、経済発展は中心的考慮事項である。

どの法域も、2つの大きな課題に直面している。第1は、経済発展という目的に向けて競争法をどのように役立てるかを決めるという課題である。第

2 は、経済発展という長期的な願いと、外国企業・外国機関の要望に応える
という短期的な利益との間で、どのようにバランスをとるかという課題であ
る。

　経済発展は、国内の生産者が重要な役割を担うべき長期的な取組である。
他方で、資本輸出国が好む競争法の考え方は、需要者厚生を基本とするもの
であり、国内生産者の保護とは衝突する。

(a) 植民地支配と発展の阻害

　新興成長経済圏の国々のほとんどは、欧州の国の旧植民地であり、そのよ
うな植民地的な関係が経済発展を阻害する傾向がある。多くの国では、植民
地支配が 1960 年代まで、特にアフリカではさらに後まで、残っていた。こ
のことは、経済発展にとっての負の遺産となっている。植民地の支配者は、
自分たちのために資源を収奪し、地元民に対する配慮をほとんどしないこと
が多かったからである。教育を施すことはほとんどなく、また、地元に根付
いた法的伝統や仕組みを取り除いた。アフリカでは、そもそも国家それ自体
や国境線までもが、欧州諸国によって作り出された。

　そのような旧弊の 1 つの帰結として、多くの社会は、低所得で、インフラ
は効率性を欠き、外国との競争力に乏しい。多くの国は、第一次農産物や鉱
物の輸出に現在でも頼っている。過去も現在も、大規模で技術に基盤を置く
産業を育成できるような状態にはないからである。植民地主義の伝統がある
ために、強靭で安定した政治的仕組みの発展も阻害された。「法の支配」は、
通常、欠けている。

(b) 乏しい支援

　これらの要素は、他の要素と相まって、競争法の発展を阻害している。多
くの人々は、地元の市場以外の広い場での競争の経験が乏しく、市場という
ものは外国や階級支配の対象となっているという受け止め方がされているた
めに、競争の価値に懐疑的となったり、価格規制のような政府の介入を好む
人々も少なくない。競争に価値を見出さないため、競争を保護しようという
考えも生まれない。外国の利害関係者が競争を左右するものと考えられてい
る場合には、特にそうである。

　競争法に対する懐疑の念を助長する他の要素も存在する。

　新興成長経済圏の多くの法域の競争法は、外国の圧力のもとで制定されており、法典の起草も旧植民地支配者によって行われている。独立後すぐに旧宗主国の競争法をモデルにして競争法を制定しただけであり、その内容を実際に実現しようとする真面目な意図があったとは考えにくい法域もある。世界銀行その他の国際的貸付機関からの借入れをする条件を満たすために競争法を制定した法域もある。これらの要素を見ると、国内の人々の要望に応えるために競争法を制定したわけではないことがわかるであろう。

　その結果として、大衆の競争法に対する理解や支持はほとんど存在しないことが多く、競争法の内容が具体化されていることは少なく、条文とはほとんど関係がない方法で法典が適用される可能性さえある。

（c）法目的

　法目的として公式に掲げられているものは、真に受けないほうがよい。公式の法目的は、実際の政策判断を理解するために役立つとは限らない。

　真面目な法運用を阻害する要因として既に掲げたものに加えて、さらに別の要素を挙げるなら、各国は、自国が市場経済と「法の支配」を重視しているということを外国の政府や投資家に印象づけるために競争法の法典を用いるというインセンティブを強く持っている。

　このため、新興成長経済圏の競争法では、「西洋的な」法目的を掲げ、しかしそれを真面目に追求するつもりはない、という状況がもたらされる。特に、政府の指導者が国内生産者と繋がっていたり、あるいは、政府の指導者が国内生産者でもあったりする場合には、他の法域で普通に追求される法目的と比べて、国内生産者の利益に特に注意を払うことになる。南アフリカ共和国の法典のように、法目的として公正性を強調し、中小企業を保護すると正面から認めたものもある[5]。

（d）関係機関と法執行手法

　競争当局は、人材・資金等のリソースが乏しく、政治的にも社会的にも専門的知見の観点からも、受ける支援の水準が低い。

　西洋の法域で用いられるのと似た手法が用いられることは多いが、リソー

---

5)　Competition Act [No. 89 of 1998], at 2. (*e*).

スが乏しいということは、そのような手法が予期せぬ形で用いられる可能性
があるということを意味する。担当官の給与は低いことが多く、したがって
汚職が生じやすく、研修も十分でないことが多い。このために、西洋と似た
手法が疑問の多い形で用いられるだけでなく、強い経済的利益集団に対して
法執行をするつもりが政府にはないかもしれないということにもなる。外国
からの投資を呼び込みたい場合には特にそうである。

(e) 法執行の標的

経済発展が必要であるという状況は、競争法の法執行の標的を選ぶ判断に
も影響を与える。

水平的合意

水平的合意はよく標的とされるが、中小企業をはじめとする国内企業によ
る協力行為が例外となっていることもよくある。そのような国内企業は経済
発展の原動力となると考えられており、したがって、中小企業によるカルテ
ルには、公式に、または、運用によって、特別の地位が与えられている。

垂直的合意

新興成長経済圏の国々においては、外国企業が地元企業を使って商品を流
通させるということが多い。そのような場合、競争当局は、国内の流通業者
や消費者がそのような外国商品に接することができることによる利益と、経
済発展の利益を抑えるような契約条項がもたらす弊害とを、比較衡量する必
要がある。

そのような契約条項には、流通業者が、自己の価格や販売地域や担当でき
る需要者の範囲などについて外国生産者の指示に従うようにさせたり、国内
の流通業者が商品を改良した場合にその改良発明などについて外国生産者に
権利を認めさせたりするものがある。経済発展という法目的を重視している
法域においては、このような垂直的合意は法執行の標的となりやすい。

単独行為

外国の支配的企業による影響に対する懸念は多いが、そのような企業に対
する法執行は、国内の経済発展を明白に妨害しているように見える例外的事
例を除いては、どちらかというと少ない。外国からの投資を呼び込むために
法執行が緩和されるということはあり得る。競争当局はそのような企業に対
して重要な法執行案件を立件することには極めて慎重である。そのような企

業との間では、国内経済発展を阻害する要素を軽減してくれるよう交渉するという可能性のほうが高い。

企業結合

　経済発展の必要性、国内の経済力の低さ、当局における分析リソースの限界、外国からの投資への期待、などがあるため、競争当局が企業結合を禁止する可能性は低い。国内企業同士の企業結合は、経済発展のために有益であると受け止められることが多い。外国企業による買収計画に対して禁止命令を出すと、そのような買収がもたらす可能性のある国内経済発展の利益を失うことになる。もちろん、国内市場が外国投資家にとって十分に魅力的である場合には、競争当局は、国内企業を買収しようとする外国投資家との交渉において若干有利になるであろう。

(f) 競争法の発展

　このような様々な障害があるにもかかわらず、21 世紀になって、南アフリカ共和国やケニアのようないくつかの国においては特筆すべき競争法の動きがある。特に、指導者たちが、競争法は役に立つと考えるようになった国では、そのようなことが起きている。この場合、競争法が役に立つとは、自国の経済や社会を発展させるだけでなく自らにとっても利益となるような経済発展をもたらす道具として、という意味である。他の多くの国でも同様の関心は高まっており、競争法の啓蒙普及のための基盤づくりが始まっている。

(g) 国際的な役割

　新興成長経済圏の法域は、ほとんどの場合、国際的なシステムにおいて大きな役割を果たす前提となるような経済的・政治的な力を持たない。そのような法域は外国の供給者から見れば商品や役務を売り込む先として小さく、競争法を外国企業に対して適用するという機会がほとんどない。さらに、競争法を運用した経験が乏しく、競争法に対する理解も相対的に低いままであるので、外国の競争当局や国際機関に助言や支援を頼ることが多い。新興成長経済圏の競争法が国際的な役割を増加させるための基盤となり得るものとして、地域的協力体制への注目が高まっている。COMESA（東南部アフリカ市場共同体）の重要性が増しているのは、その例である[6]。

　この第 3 部では、個々の法域の競争法を概観し、個々の法域における政策決定を左右する要素としてどのようなものがあるか、個々の法域が相互に他の法域とどのように絡み合っているか、に注目した。それらの法域をさらによく理解するためにはどのような問題関心を持って臨めばよいかも明らかにした。最後に、各法域の競争法の間の類似点や相違点を観察して背景にある前提条件を見極めるための道具を提供した。

　最後の部である第 4 部では、各法域の競争法が世界をまたにかけてどのように相互に関連しているかを見ていくことになるが、その際には、この第 3 部で見た情報や視角が基盤となる。

6)　COMESA, 'COMESA Objectives and Priorities' (*COMESA*) 〈https://www.comesa.int/company-overview-2/〉 accessed November 4, 2019.

第**4**部

国際的な躍動と変化の動向

　最後の第 4 部では、競争法の国際的な側面に注目し、個々の法域にも国際的なシステムにも否応なく変化をもたらす力に焦点を当てる。

　第 11 章は、各法域や国際機関や私的な利害関係者がどのような相互作用のもとに競争法に影響を与えているのかを概観する。それらは、独特の仕組みによって競争法の国際的システムを形作っている。この国際的システムがどのように動いているのかを知れば、そこで行われる判断の内容を理解し、解釈し、予測することができるようになる。

　第 12 章は、グローバル化とデジタルエコノミーがどのような構造によって既存の競争法に変化を求めているのかを解きほぐし、それに応じて競争法がどのような変化を見せているのかを明らかにする。

第**11**章 ── グローバルシステム

　ここまでの章でも、法域の境界を越えた影響力行使や相互作用が競争法上の政策判断を左右している具体例を多く見てきた。ある法域における議論、手法、個別の主張や政策判断が、他の法域において何が検討され発信され実施されるかに影響を及ぼすことは多い。この迷路のような相互作用を読み解きたいならば、それぞれの通路がどのように繋がり関係し合っているのかを見極める必要がある。この章では、この問題に関する地図を提示し、迷路を通り抜けるための道順を示すこととしたい。個々の相互作用や影響力行使の具体例にも言及するが、これらは、全体を構成する部品として提示する。これによって、世界中における競争法上の政策判断を理解しやすく、予測しやすくなるので、極めて有益な作業である。

　この作業において鍵となるのは、相互作用の網の目が「相互適応システム」を形成しているということである。それが何を意味しているかは、読み進めればわかるであろう。「グローバルシステム」という言葉は、国境の外で起きていること、という程度の緩く漠然とした意味で使われることが多い。ごく最近までであれば、それでよかったかもしれない。しかし、現在では、そのような見方だけでは、知るべき事柄、すなわち、それぞれの通路の繋がりや関係の、大部分を見逃し、曖昧なものとするであろう。この章では、「システム」という言葉を、特定の具体的な意味で用いる。高度のグローバル化、そして、通信や交通のデジタル的再編により、一定の傾向や規則性や構造を持つ双方向の相互適応のシステムが生まれるに至った。相互適応のシステムの存在を意識し、それがどう機能しているかを意識すれば、これまでは見えなかったものも見えてくる。そうすれば、過去に起きたことに対する洞察が深まり、将来に起こりそうな事柄を予測するための基盤も改善される。

　以下では、最初に、システムの静的で伝統的な部分の構造を説明する。つまり、法域の境界の外における企業の行為に対して自らの法域の競争法を適用する際に法域が準拠し従うべき規範のことである。そして次に、システムの動的な部分を見る。つまり、考え方、インセンティブ、圧力、といったものが法域の境界を越えて競争法上の判断に影響を与える様子を描く。

1　管轄権——グローバルシステムにおける基本

　管轄権という概念は、各法域の競争法の相互関係を理解するための静的で伝統的な枠組みの中核をなす概念である*)。

　「管轄権」があるとは、正統性ある権限があるという意味である。答えは、管轄権がある、または、管轄権がない、のいずれかである。ここで問題とされる権限とは、政府が私的企業の行為を規制する権限である。

　その権限があるかないかを判断するための考え方は、権限を適切に配分し摩擦を減らすために何世紀にもわたって政府間において練り上げられてきた。しばしば「慣習国際法」と呼ばれるものである。各政府は、ほぼ常にそれに従う。その主な理由は、慣習国際法がなければ、政府は実力行使によって歯止めをかけられない限りどのようなことでもできてしまうからである。そうなると、最も力のある法域の政府が支配することになり、それは法とは言えない。そのような状態を望む政府はほとんどない。

　慣習国際法は軍隊や警察によって「強制的に執行される」ものではないため、そのようなものは「法」とは呼ばない、という論者もあり得る。しかし、とにかく大事なのは、実際には政府は通常は慣習国際法に従っている、ということである。

1.1　管轄権をめぐる考え方

　このような文脈における管轄権の基本的な考え方は、ある法域は、その法域が密接関連性を持つ者に対して自国法を適用できる、というものである。この密接関連性というものが、管轄権の根拠となる。

　密接関連性を説明する1つの要素は、領土・領海・領空などの、領域である。各法域は、自らの領域における行為を管理する権限を持つ。領域は複製できないので、この考え方だけに依拠するならば、複数の法域が管轄権を主張したり、問題が不確かになったり、摩擦が起きたりすることはなさそうで

---

*)　原著の "formal" を「静的で伝統的な」と訳した。この1は、後記2と対比されており、2については、動的であることや比較的新しい現象であることが強調されている。1では、具体的には、他の法域の競争法に影響を与えようというのでなく、自らの法域の競争法を法域外の行為などに対しても適用するという問題に絞って論じている。

ある。

　密接関連性を説明する別の 1 つの要素は、国籍である。各法域は、自国の国籍を持つ人（法人を含む）に対して自国法を適用する権限を持つ。

　これらの 2 つの考え方が並び立つと、管轄権の重複・摩擦が生ずる。例えば、A 国が領域を根拠として管轄権を主張し、B 国は企業の国籍を根拠として管轄権を主張する、といった具合にである。とは言っても、そのような重複が起こることは稀である。

　第二次世界大戦の直後までは、基本的に、これらの 2 つの考え方しかなかった。

　しかし、第二次世界大戦後、何十年もの時間をかけて、もう 1 つの考え方が次第に受け入れられていった。それは、国際取引が増大する状況に対応するためのものであったが、ともあれ、この 3 番目の考え方が、状況を劇的に変えた。いわゆる「効果理論」である。

　効果理論においては、各法域は、領域の外で行われた行為であっても、当該行為が、自国の領域内に、重要で、少なくとも予見可能な弊害（効果）をもたらすのであれば、当該行為に対して自国法を適用できる、とされる。効果理論は、管轄権の重複（「管轄権競合」）が起こる可能性を大きく増加させ、不確実性やコストや摩擦をもたらすこととなった。例えば、OPEC の石油カルテルのような国際カルテルは、多くの国に弊害をもたらす。効果理論は、弊害が生じたそれぞれの法域に、国際カルテルのような行為に対して自国の競争法を適用する権限を与えるのである。

　管轄権というものは、各法域の政府の行為のうち 2 つの異なるものについてそれぞれ議論され、混同されやすい。本書では、そのうち 1 つだけに関心があるのであるが、もう 1 つのほうにも触れておいたほうがよいであろう。

　本書が関心を持っているのは、各法域が自国法を私人に対して適用する権限を持つかどうかである。すなわち、ある人が自国法に違反したので自国法に規定する制裁を受けるべきであるという主張を適切に行えるかどうか、である。これは、規律管轄権（または立法管轄権）と呼ばれ、競争法において中心的な役割を担う。

　もう 1 つの管轄権は、上記のような自国の主張について「法執行を行う」権限を持つかどうかである。各法域が自国競争法の法執行を行うために領域外において警察や軍隊を動かすなどして行動を起こすことは極めて稀である

ので、本書ではあまり論じない。

　「国際管轄権」という言葉にも 2 つの意味があるので、混同しないようにすることが重要である。

　ここでは、国際法のもとでの各法域の権限を議論している。

　しかし、「国際管轄権」という言葉は、それぞれの法域の政府が、そのもとにある特定の機関に対し、域外で行われた行為に自国法を適用する権限を認める、というような場合のその機関の権限を指す場合がある。これは、国内法の問題である。例えば、米国の法律によると、米国反トラスト法は米国内において「直接的で、実質的で、予見可能な」弊害をもたらす行為に対して適用可能であると規定されている。これは、米国の議会が米国の関係機関に対して権限を与えているものである。

　「国際管轄権」という言葉は、以上の両方の意味で用いられるが、両者は根本的に異なっている。後者は国内法であり、前者が国際公法であるのとは異なる*)。

1.2　管轄権の枠組みがもたらす帰結

　以上のような枠組みは、重要な帰結をもたらすが、そのような帰結は誤解されたり見過ごされたりしがちである。

（a）形式的平等と実質的不平等

　効果理論は、形式的には、公正である。すなわち、どの法域も同じ考え方のもとで管轄権を持ち得る。

　しかし、実際には、ある法域が管轄権を行使するだけの実力を持つか否かは、経済的・政治的な力、すなわち、主に、その法域の経済圏の大きさや重要性、があるか否かによって大きく変わる。

　例えば、もし EU が EU の領域の外の行為に対して EU 競争法を適用し、

---

*）　第一義的には著者の言うとおりなのだと思われるが、しかし、それを前提としつつ、さらに進んで、各法域は、国際的なコンセンサス（一種の慣習国際法）に矛盾しない範囲で国内法としての競争法を制定したり解釈したりしながら国際的な適用を行っている。その意味で、著者が国際法であると主張している内容は、最近では、国内法の問題として議論されるのが通常である。もちろんそれは、各法域が自制して国際的コンセンサスの枠内にとどまっていることを暗黙の前提としているのであり、国際的コンセンサスから逸脱する法域が出る場合に備えて著者のような国際法・国内法の二分法を唱えることにも、相応の意味はあると思われる。

域外の違反者に対して課徴金を課したならば、通常、違反者はそれに従って課徴金を支払う。なぜなら、EU の経済圏でビジネスをできることは価値が大きく、課徴金を支払わなければ EU 経済圏でビジネスをすることができなくなったり制限されたりするからである。

それに対し、小さなアフリカの国が同様に外国の行為に対して自国法を適用しようとしたとしても、その経済圏は、小さすぎて、自国法適用のための後ろ楯としては役に立たない。違反者にとっては、その国でのビジネスをやめたとしても、失うものはほとんどないからである。

(b) 不確実性

効果理論は、不確実性ももたらす。効果理論のもとでは、多くの法域が同一の行為に対して自国法を適用するかもしれない。

新興成長経済圏における特許ライセンス契約などは、そのような問題をもたらし得る例である。そのような契約に対するそれぞれの法域の法そのものや法執行実務が異なっている場合が多いので、企業は、何であれば許されて何をすればリスクがあるのか、大きな不確実性のもとで判断しなければならない。ビジネスや法に関する助言を受けることによって不確実性を減らすことはできるかもしれないが、高い費用がかかる。そうする代わりに、思い切ってそのような契約を行い、どの法域の法も適用されない状況や適用されても命令内容が軽い状況を期待する、ということもあり得る。

そのような不確実性は、深刻な結果をもたらす場合がある。例えば、不確実性があるために、企業が技術をライセンスしない、という選択をして、その企業だけでなく消費者その他の者を豊かにしたかもしれないにもかかわらずそれが幻となる、ということがあり得る。

(c) コスト

このような不確実性により、企業には直接的なコストと間接的なコストがかかる。直接的なコストとは、企業が助言を受けるために必要となるコストである。間接的なコストとは、企業がリスクを避けるために計画を変更し、ビジネスとして成立し得た事業計画によって本来なら得られたはずの利益を失うことを指す。

(d) 摩　擦

　管轄権の主張が重複すると、摩擦をもたらす。同一の行為に対して複数の法域が管轄権を主張すると、衝突が起こることがある。

　例えば、A 国が、B 国の領域におけるカルテル行為によって A 国の国内市場における価格が高くなっているために A 国競争法を適用して禁止したいと考える場合がある。しかし他方で、B 国は、経済発展を支援するために、その同じカルテル行為を、経済活動を調整する手段として奨励している場合がある。

　このような摩擦は、交渉によって解決されることもあるが、法域間の通商関係や、場合によっては外交関係に対しても負の影響を与えることがあり、そうなると極めて有害である。越境取引が増え、競争法を活用する法域も増えると、そのような摩擦の火種も増えることになる。

2　動的なシステム──相互適応と相互作用

　以上のような静的で伝統的な枠組みを前提として、しかし、現実には、圧力、着想、影響力が、競争法のグローバルシステムのありとあらゆるところで躍動し、システム全体における政策判断が左右される。これが動的なシステムである。多くの法域の競争当局の官僚、立法者、研究者が相互の連絡や共同作業を深め、動的システムの幅をさらに広げている。

　これは相互適応システムである。そのことに気づきさえすれば、まず、動的躍動の起きる場そのものが見えやすくなるうえに、そのような動きが実際の政策判断を左右する様子を見極めやすくなる。それを理解すれば、見えなかったものも見えるようになる。自然科学や社会科学は、このような観点を活用して発展してきた。本書も、このような見方を採用し、同様の方法で、各法域の競争法やそこにおける具体的な政策判断を理解するのに役立てている。

　相互適応システムは 3 つの基本的な要素から成る。(1) 相互作用が起こる場、(2) そのような場において相互作用をするプレイヤー（相互適応理論における「エージェント」）、(3) そこで生ずる相互作用、の 3 つである。それぞれの要素を注意深く観察すれば、見た目には無関係に見える様々な事象に関する混沌とした情報のなかに意味を見出せるようになる。

2.1　相互作用が起こる場

　本書は競争法を扱っているので、相互作用が起こる場の代表的なものは、競争制限行為と闘おうとする政策判断である。それはつまり、まず、競争当局の官僚、政府、裁判所その他の競争法関係機関による政策判断であるが、広い意味では、そのような公的な政策判断に影響を与えようとする者たち、すなわち、ロビイスト、企業、弁護士、エコノミスト、などによる活動も含む。観察対象となる場を特定すれば、観察者として我々が何を知りたいのかを明確にすることができ、無関係の雑多な情報に振り回されずに済む。

2.2　相互作用をするプレイヤー

　プレイヤーには、個々の政策判断をする各法域の政府、そのような政策判断に影響を与えようとする国際機関、私的組織、個人、などがいる。

　それぞれのプレイヤーがそれぞれの目的を持っており、他のプレイヤーと協力したり競争したりする。個々のプレイヤーは独立して行動するが、しかしそれぞれのプレイヤーの意思決定は、グローバル経済と通信ネットワークという共通の前提条件のもとで絡み合いながら行われる。グローバル経済と通信ネットワークは、それ自体が国際競争の重要な要素であり、競争法に関する影響力が伝わる経路でもある。個々のプレイヤーの行動は、一定程度において、他のプレイヤーがどのように行動しており、どのように行動しそうか、についての個々のプレイヤーの理解によって決まる。

2.2.1　政　府

　最も重要なプレイヤーは競争法を持つ個々の法域の政府である。政府は、企業の行為に直接の影響を与える実力を発揮できるからである。

（a）法目的

　各法域の政府は、競争法の法目的として、国内的なものと国際的なものの両方を持っている。第 3 章では国内的な法目的を見たので、ここでは、国際的観点からの法目的に目を転じてみよう。

　競争法の国際的な法目的は、その法域が経済的・政治的にどのような立場にあり何を優先すべき状況にあるかによって大きく左右される。例を挙げて

みよう。(1) 国際的な市場を安定させ、それを取り巻く政治状況を安定させることを追求する場合がある。そうすれば、国際的企業の利益となる。国際的企業は予見可能性を求める。効率的な事業計画を立てることができるようになるからである。(2) 域外企業からの競争が地元企業の発展を抑圧することのないよう保護しようとする場合がある。(3) 国内企業のために天然資源などの資源を確保しようとする場合がある。(4) 経済的・政治的な目的を達するために、他との連携を模索したり協力関係を構築したりする場合がある。以上のような複数の目的は、組み合わされて追求されることが多い。

　各法域の政府にこのような国際的目的があることに気づけば、政府が競争法について行う政策判断を理解し予測することができるようになる。

(b) 背景となる実力

　いくつかの政府は、他よりも効率的に自己の目的を追求できる。

　まず、政府は自国の経済力を利用することができる。例えば、もし A 国の経済圏が B 国の企業にとって魅力的であれば、A 国政府はそれを利用し、B 国企業の参入を許す条件として B 国政府に A 国政府の政策判断を受け入れさせたり、要求に同意させたり、追随させたりすることができる。

　政府は、目的を達するために何らかの政治力（場合によっては軍事力）を使うこともある。

　そのような力を世界規模で発揮できる政府もあるが、主に特定の地域（例えばアフリカ南部）のみで用いたり、旧宗主国と旧植民地の関係のような特定の経済的・政治的依存関係（例えば一部の西アフリカ諸国へのフランスの影響力）において用いたりすることが多い。

(c) 公式・非公式

　各法域の政府は、目的を達するために公式の行動を用いることもあれば非公式の行動を用いることもある。両者が相まって他の法域の政府と競争法に影響を与え、一定の反応を引き出すことになる。

(d) 自国法の法執行

　このような相互作用においては競争法の法執行が重要な役割を果たす。管轄権理論は、どの法域の政府にも、域外行為に対して自国法を適用すること

を一定の条件のもとで認めている。しかし、その権限を実際に行使するか否か、どの程度にまで行使するか、ということを決めるのは、それぞれの政府である。もし、自国の競争法を領域外に適用するならば、必然的に他の法域の利害に影響を与えることになる。そのような他の法域は、そのような法適用に対抗した反応をするかどうか、反応する場合にはどのように反応するか、を判断し、反応の連鎖を発生させる。そのような反応の連鎖を観察すること自体、とても価値ある作業である。

(e) 摩擦を回避する方法

　政府は、他の政府との摩擦の可能性を減らし、摩擦が起きても小規模で済ませられるように、様々の方法を用いる。

　そのうちの１つが、国際私法である（米国では「抵触法」と呼ばれる）。ほとんどの法域の法制度は、特定の機関（通常は裁判所）に対し、一定の場合においては自国法でなく外国法を適用する権限を与えている。その基本的な考え方は、A 国の裁判所が B 国における行為や利害関係に関する紛争を処理せざるを得ない場合、A 国法でなく B 国法を適用することによって訴訟当事者や関係国の利害に応えることができるかもしれない、というところにある。訴訟当事者にとってはそのほうが効率がよく正確を期することもでき、また、政府同士の摩擦を避けることもできる。

　そのような国際私法理論は、複雑で詳細な法典となっている法域もあれば（欧州ではそれが通常である）、米国のように、相対的に漠然としており柔軟で事例ごとの判断がされる場合もある。

(f) 自主規制の方策

　米国を含むいくつかの法域では、裁判所に対し、一定の条件のもとでは自国法を域外に適用することを控える権限が与えられている。例えば、そのような法適用をすることによって外国政府の利益を害する可能性がある場合である。この考え方は、米国では礼譲理論と呼ばれることが多いが、国内機関に大きな裁量の余地を与えることになり、広く用いられているわけではない。

(g) 防衛的措置

　ある法域が、他の法域による管轄権行使を思いとどまらせるための法律を

制定することがある。例えば、英国は、英国籍の者による英国内での行為について外国の裁判所において外国競争法が適用された結果として生じた制裁を「取り返す」ために英国企業が英国裁判所で訴えることを認める法律を制定した[1]。しかし、そのような法律は数が少なく、実際に適用されることはほとんどない。

（h）協定による協調

　公式の措置が、単独の政府によってではなく、複数の政府の協調によって行われる場合がある。各政府は、他の政府と、競争法に関する協定を結ぶことが多い。また、競争法の問題を扱う国際機関に参加することも多い。いくつかの協定が、それ自体として、参加した政府の法域をまたぐ経済関係に適用される法規範を形成することもある。そこでは、このような状況ではこの国の競争法を適用する、といったことを規定することが多い。しかし、協定に参加した政府の間で適用されるべき競争法規範を協定そのものによって定める場合もある。したがって、そのような協定が存在するかどうかを確認することは極めて重要となる。そのような協定があると、当てはまる規範が根本的に変わってしまうのであるが、それに気づかないまま分析してしまうことも多いのである。

　特定の地域において、国と国との間をまたぐ取引が、その地域での協定によって規制される場合がある。そのような地域的協定には競争法規範が含まれていることが多く、加盟国が通商上の義務を回避するのを防いでいる。

　EU はそのような協定から発展したものであるが、同様の協定は他の地域においても多くなっている。アフリカでは、COMESA（東南部アフリカ市場共同体）が、この地域における競争法を作り上げることを計画しており、興味深い初期の取組が進行している[2]。ASEAN（東南アジア諸国連合）も同様の計画を持っている[3]。ラテンアメリカでも、特定の複数の国の間で同様の状

---

1)　Protection of Trading Interests Act 1980, s. 6., c. 11.

2)　COMESA, 'Treaty Establishing the Common Market for Eastern and Southern Africa'（*COMESA*, December 8, 1994）〈https://www.comesa.int/wpcontent/uploads/2019/02/comesa-treaty-revised-20092012_with-zaire_final. pdf〉accessed November 4, 2019.

3)　ASEAN, 'The ASEAN Declaration（Bangkok Declaration）'（*AESEAN*, August 8, 1967）〈https://asean.org/the-asean-declaration-bangkok-declaration-bangkok-8-august-1967/〉accessed November 4, 2019.

況を作り上げようとする複数の試みが行われており、その方向で進行中のものもある。北米では、NAFTA（北米自由貿易協定）が広く知られている[4]。

　このような地域的協定のなかには、詳細な競争法規範を持つものがあり、COMESA のように、加盟国間の通商に対してその競争法規範を適用するための機関を設立したものもある。

　二国間協定は、締約国間の通商をめぐる特定の問題に焦点を当てたものが多い。例えば、米国とコロンビアの間の麻薬取引をめぐる協定[5]のように一方または両方の法域における社会問題となっているようなものを取り扱うものなど、特定の商品や問題に関するものである。そのような協定は、豊かな経済的先進国と新興成長経済圏の国との間で結ばれることが多い。いくつかの協定では、強い側の締約国が、経済力を背景として、弱い側の締約国から有利な条件を引き出すことがある。例えば、弱い側の締約国の競争法において強い側の締約国の企業に対して優遇措置を与える、といったものである。弱い側の締約国がそのような協定を結ぶのは、それによって大きく豊かな国の経済圏に参加できるようにしたいからであることが多い。

　二国間協定では、競争法の法執行において協力する旨が定められることがある。

　各法域の間のコミュニケーションが迅速に行われるようになっていることを背景として、そのような二国間協定には様々な形態のものが生まれている。よくあるものは、例えば覚書（Memorandum of Understanding: MOU）のように、協力の枠組みを定めた簡単な文書である。二国間協定のなかには、それよりも一般的で、それぞれの競争当局が法執行において相互に協力する義務を規定するものもある。問題のある行為を探知するための情報、例えば価格の不審な変動などを、競争当局が相互に提供する義務を規定するものもある。そのような協定は、競争当局が自国法に違反して関係当事者の権利を害してまで情報提供をするよう求めるものではないことが多い。二国間協定のなかには、ある締約国が、他の締約国において生じた弊害や他の締約国に向けて生じた弊害について、調査を行うよう求めるものもある（「積極礼譲」と呼ばれ

---

4)　North American Free Trade Agreement, US–Can.–Mex., December 8, 1993, 32 ILM 289 (1993).

5)　Office of the United States Trade Representation, 'United States–Columbia Free Trade Agreement' (*Office of the United States Trade Representation*, November 22, 2006) 〈https://ustr.gov/trade-agreements/free-trade-agreements/colombia-fta/final-text〉 accessed November 4, 2019.

る）。これは、例はあまり多くなく、規定されている場合でも実際に用いられることはほとんどない。

　以上のような法執行の協力協定は、広く知られているわけではないが、実務に対して重要な影響を与えている場合があるので、注意深く研究する必要がある。

(i) 非公式の場

　複数の法域の競争法が、非公式の場で相互作用をすることもある。例えば、個人的な会合、電子メール、SNS でのメッセージ、などの場である。

　交通と通信の両面における技術進歩により、これらの非公式な相互作用の速さ、頻繁さ、影響力の大きさは、極めて向上した。個々の関係者が他の関係者の行動やメッセージに反応するのに必要な時間の制約が減少したために、システムは相互適応の程度を増した。速さ、反応のしやすさ、共有のしやすさ、により、プレイヤーが相互に繋がり、相互に反応する形態が形作られている。このことを知れば、システムがどう機能するのかを知ることができる。

(j) 他のプレイヤーについて知る

　これらの相互作用において重要となるのは、「他のプレイヤーは、いま何に取り組んでおり、近い将来に何をしそうか」である。

　全ての者が同じ場において、競争法を発展させたり適用したりする活動を行っている。それぞれのプレイヤーは、他のプレイヤーの言動に対して影響を及ぼしたり、影響を及ぼされたりしている。その結果として、それぞれのプレイヤーは、他のプレイヤーがいま何に取り組んでおり、近い将来に何をしそうかを、知りたがっている。圧力をかけようとするプレイヤーもいる。説得して丸め込もうとするプレイヤーもいる。

　相手方の政策判断にどのような要素が影響を与えるかを知っていれば知っているほど、そのような手段は有効なものとなる。そのような知識は、他のプレイヤーの政策判断や行動の影響を受けやすい者の場合に特に価値が高い。この種の知識を得るには、単に公式の法的分析をできることだけではなく、社会的要素や政治的要素に対する注意深い観察を必要とする。この意味で、比較法その他の分野で培われた比較研究の手法は極めて有益なものとなる。

(k) 圧　力

　何らかの力を背景に持っている政府や競争当局は、それを利用して他のプレイヤーに圧力をかけることができる。例えば、A 国が B 国に対し、特定の法目的論や法執行手法を採用するよう圧力を加えたり、特定の行動をとるように圧力を加えたりすることができる場合が考えられる。もし、A 国が B 国との比較において十分な経済的な力（魅力的な経済圏）を持っているならば、B 国は A 国の要求に対して配慮をしようとするであろう。

　圧力は、高圧的である場合もあれば（「私の兄弟や支持者が経営する会社に迷惑をかけるな」）、もう少し紳士的である場合もある（「もしこの点を変えていただけるなら、見返りを検討させていただきます」）。もう少し微妙な内容である場合もあるだろう（「この企業結合が貴国の経済に与えるプラスの効果について再検討していただけませんか」）。

(l) 説　得

　影響を与えようとする相手方の政府が十分に力強いため、圧力をかけても効き目がなく、かえって逆効果である場合には、説得が必要となる。例えば、中国の競争法に影響を与えようとする場合である。

　これにはまず、直接的で具体的な方法で説得することが考えられる。例えば、他の法域の政府や競争当局に対し、特定の政策や措置をとるのが一般的に「より良い」とか、それがその政府の利益にもなるなどと、説明するなどである。

　直接的な程度を減じ、もう少し一般的な方法にすることも考えられる。資金の豊かな競争当局が、例えば、他の法域の競争当局の官僚に声をかけて、訪問させたり、若手を研修のために派遣させたりすることが考えられる。

2.2.2　国際機関

　このグローバルシステムにおいては国際機関も重要な要素である。国際機関は企業の行為に直接の影響を与えるわけではないが、企業の行為に直接の影響を与える競争当局に影響を与える。国際機関は、プレイヤーの間での情報交換や意見交換の場となり、また、影響力行使の場や圧力を加える場ともなる。個々の国際機関はそれぞれの目的とインセンティブを持っており、それらを明らかにすれば、個々の国際機関がどのようにして影響力を行使して

いるかがわかりやすくなる。

　以下では、特に影響力の大きな３つの国際機関を取り上げる。

（a）ICN（International Competition Network）

　ICN（国際競争ネットワーク）は、競争法のみを取り扱う[6]。もともと、米国やカナダなどの競争当局の職員が情報・経験・着想を交換する場として作られた。構成員は、政府でなく、競争当局そのものである。これは、政治やロビイストが競争法の発展に与える影響を減らすためのものであったが、その点においては限定的な範囲でしか成功していない。

　ICN はバーチャルな組織であり、所在地などはない。年次総会が世界各地で開かれる。構成員に対して旅費を支給したりはしないので、豊かな競争当局が会合に出席する確率が高くなる。

　さらに、競争当局は、当局外の者の参加を認めることができるので、弁護士やエコノミストがしばしば参加しており、それらの者はそれらの者ごとに参加する目的を持っている。

　ICN の作業のほとんどは、特定の問題を取り扱う作業部会において、インターネットを用いた電子的な方法で進められる。それぞれの競争当局は弁護士やエコノミストなどの「専門家」を参加させることができ、それらの専門家も議論に影響を与える。いくつかの作業部会では、「望ましい実務例」を策定し公表する。手続を標準化するものなど、いくつかのものは広く受け入れられている。しかし、このような文書が競争当局においてどれほど尊重されるかは様々であることは、知っておくべきである。

（b）OECD（Organisation for Economic Co-operation and Development）

　パリに本部がある OECD（経済協力開発機構）は、経済政策の多くの分野において強い影響力を持っている[7]。

　構成員は国である。OECD の構成国であるということは一定の達成度の証明であり、エリートサークルの一員とみられるものと考えられていて、国そ

---

6)　International Competition Network, 'About the ICN' (*International Competition Network*) 〈https://www.internationalcompetitionnetwork.org/about/〉 accessed November 4, 2019.

7)　Organisation for Economic Co-operation and Development, 'Who We Are' (*Organisation for Economic Co-Operation and Developing*) 〈https://www.oecd.org/about/〉 accessed November 4, 2019.

のものにとっても国から派遣された代表者にとっても恩恵を与えるものとなっている。構成国は通常、豊かで安定しており民主的な国であって、OECD は必然的にそのような国の利益を代表する傾向がある。OECD における国の影響力は、その国の政治的経済的な影響力や OECD に対する財政的貢献の程度によって決まる。

　競争法に限らない一般的な意味での OECD の地位や重要性は、グローバルな競争法システムにおける OECD の役割や影響力にも寄与している。

　OECD は大きくて活発な競争委員会を持っている。競争委員会の職員には評判の高いエコノミストが含まれており、当然のことながら、競争法における経済学の役割を促進しようとする傾向がある。競争委員会は、会議や討論会をしばしば開催し、そのいくつかのものには構成国以外の者も参加する。そこに代表者として参加する者は、世界中の競争法の議論に参加し、影響を与える。OECD は、構成国や非構成国の競争当局の官僚や研究者の間で圧力、情報、着想が交換される場を提供する。

(c) UNCTAD (United Nations Conference on Trade and Development)

　UNCTAD（国際連合貿易開発会議）は国連における競争法関係機関であり、国連加盟国の構造を反映して、新興成長経済圏の国々の利害に配慮する傾向がある[8]。そのため、社会的・政治的な法目的論のなかでも、新興成長経済圏の国々にとって重要な経済発展という法目的に焦点を当てることになりやすい（第 10 章参照）。

　事務局は OECD の競争委員会よりも小さく、国連の複雑な官僚組織の影響で機能を損なわれているが、指導的な人物たちは新興成長経済圏の国々の競争当局の間では強い影響力を持っていることがある。

(d) CUTS International (Consumer Unity & Trust Society)

　以上に掲げた代表的な 3 つの国際機関のほか、CUTS International という国際機関があり、新興成長経済圏の国々における通商、競争法、経済発展に主な関心を向けている[9]。本拠地はインドにあり、米国その他の場所に事務

---

8) United Nations Conference on Trade and Development, 'Themes' (*United Nations Conference on Trade and Development*) 〈https://unctad.org/en/Pages/themes.aspx〉 accessed November 4, 2019.

所を置いている。特に通商や経済発展の問題に関係する競争政策上の勧告を
策定している。また、オンラインでの発信に力を入れており、通商や競争法
の問題に関する情報や意見をしばしば提供している。国際的な競争法の問題
に関する会議を開催すると、新興成長経済圏の国々の代表者だけでなく、そ
れらの国々における意思決定をよりよく理解したいと考える者の間でも、参
加者が増えている。

2.2.3　公的機関以外のプレイヤー

　ロビイスト、弁護士、エコノミスト、会計士、経営コンサルタント、など
は、皆、競争法に関する政策判断に影響を与える。その影響力が大きい場合
も少なくなく、このような者らの役割はグローバルシステムにおいて不可欠
のものとなっている。例えば、大規模な法律事務所や経営コンサルタント事
務所は、今では多くの国で活動し、それらの地域にまたがるメッセージを発
信している。これらのプレイヤーは、網の目のようなネットワークを構築し、
多数の法域の競争当局関係者もそのネットワークに関係していることが多い。
　そのようなプレイヤーの主な活動目的は、各法域の競争当局（時には裁判
所や議会）に影響を与え、顧客にとって有利な政策判断をしてもらうことで
ある。顧客のためにロビイングその他の活動をすることによって報酬を得て
いるので、主な活動目的も、顧客がそのようなプレイヤーに報酬を支払って
でも達成したいと考える結果を確実にもたらすこと、になるわけである。
　このようなプレイヤーがそれぞれの職業集団の観点からの活動目的を持っ
ていることにも、言及しておく必要がある。全ての職業人は、その職業の役
割を増進し、職業集団の地位を高めて、その職業に就いているために得られ
る収入を高めようとする。例えば、エコノミストは、競争法において経済学
を用いることを促進するインセンティブを持っている。なぜなら、経済学が
多く用いられれば用いられるほど、エコノミストの地位が高まり、得られる
収入も高くなるからである。弁護士も、競争法において経済学を用いること
について深い経験を持つ国の弁護士は、エコノミストと同様に経済学を用い
ることを推奨するインセンティブを持つ。そのような経験のない弁護士は、
伝統的な方法論や法目的論を強調するのが通常である。

---

9)　Consumer Unity & Trust Society, 'Who We Are'〈*Consumer Unity & Trust Society*〉〈https://
　cuts-international.org/who-we-are/〉accessed November 4, 2019.

　いくつかの法域においては、法学や経済学の「専門家」が重要で建設的な役割を果たす。それらの者は、競争当局や議会、時には裁判所に対して、意見を提出する。そういった機関によっては、直接、報酬を支払う場合もある。このため、そのような者は、不偏不党で客観的であり続ける（または少なくともそのように見せる）インセンティブを持つ。また、顧客のために意見を述べ、顧客から報酬を受ける、という場合もある。そのなかには大学教授も含まれ、政府の判断権者だけでなく同業者にも影響を与えようとする。実務において専門性を獲得し、私的なインセンティブを原動力として活動する者もいるかもしれない。どのようにして専門家が選ばれ、どのようにして報酬が支払われるかや、公的機関に意見を提出することにどのようなインセンティブがあるのかを注意深く観察することは、有益であることが多い。

影響力の流れの概要

　競争法に関する情報・着想・意見は、インターネット上でも大河の流れのように取り交わされており、競争法に関する政策判断に影響を与える。それらは、どのようにして、影響を与えているのであろうか。

　基本的に、どの個人や組織も、いくつかの情報には注意を払い、他の情報は無視する。個々のインセンティブや目的に即して、特定のものを別のものよりも高く評価しているわけである。

　そのような選別にあたっては、個々の法域のなかに閉じた要素も必然的に重要である。それらによって、判断権者にとってわかりやすい利益が直ちに得られるからである。

　しかし、グローバルシステムという要素も、インターネット上の情報・着想・意見のうち判断権者がどれを重視するかを決めるうえでの、受け止め方やインセンティブに影響を与える。

　インターネットにおいて個人や組織が何に注意を払うかを決めるうえで、人や組織の関係のネットワークが特に影響力を持つことが多い。そのようなネットワークは、どのような問題関心を共有しているかや、どのような利益があると考えられているかに基づいて、構築されているのが通常である。特定の懸念、問題関心、思想信条を同じくする者は、同じ情報を見て、同じように解釈する傾向がある。例えば、OECD の構成国になりたいと考えているならば、OECD のウェブサイトに掲げられる情報や、OECD の関係者が何を発言したり書いたりするかや、他の国が OECD に加盟するにあたって

何を書いたり発言したりしているか、といったことに特に注意を払う。既に述べたように、OECD の構成国となると多くの利益があり、高い注目も得ることができる。

　思想信条も、多くの個人や組織によって共有されることの多いものであるので、ネットワークの構築や運営において類似の影響力を持ち得る。グローバルシステムにおいて関係機関や判断権者の間で思想信条がどのようにして共有されるかを知っておくと、気づかなかった情報や要素が見えてくることがある。

　ネットワークに関する以上のような諸要素を知っておくと、1990 年代から競争法における中心的話題であったルールの共通化の問題を理解しやすくもなる。

　この期間の大半において、世界中の競争法は、米国において唱導されていたような、経済学に基礎を置いたモデルへと共通化されていったように見えた[10]。このため、各法域の判断権者は、経済学に基礎を置いたモデルに合わせなければならない、それが「世界標準」である、と考える方向での圧力を受けた。

　グローバルな相互適応システムを理解すると、ルールの共通化に対するこのような見方が一面的であることがわかる。システムのなかで同時進行する様々な関係性が、様々な方法で政策判断に影響を及ぼしている。ある分野ではルールの共通化がもたらされるかもしれないが、別の分野では多様化がもたらされるかもしれない。そして、新たな要素が現れれば、また別の展開が起こるかもしれない。次の章で論ずるビッグデータの興隆は、その好例となる。

　この章では、競争法に関係するプレイヤーと、それらのプレイヤーとの間で影響を与え合うグローバルシステムとの、相互作用に焦点を当てた。これにより、前の章までに出てきた個々の関係機関や諸事象がシステムのなかで一緒になって流れていく様子を示すことができた。システムがどのように機能しているかを知れば、世界中の競争法に関する様々な事象を理解するための強力なレンズを獲得でき、システムのなかでのありとあらゆる政策判断に

---

10)　David J. Gerber, *Global Competition: Law, Markets, and Globalization* (2010) esp. Ch. 8.

対する洞察を得ることができる。

　次の章は最終章である。競争法が直面する 2 つの大きな変化を明らかにし、当局の担当者や実務家に向けられた課題を検討し、それに対してどのような反応が起きているかに言及する。

第12章 —— 競争の変容と競争法の変化

　競争法の任務は競争制限行為を減らすことであるので、競争法を適用する者は、いま法を適用しようとしている競争はどのような種類のものであるのかを理解する必要がある。ここまでで見てきたように、この何十年もの間、競争法は、競争変数*⁾のうち、価格や、価格に影響を与える諸要素を重視する競争に注目してきた。しかし、デジタル化やグローバル化により、新たな種類の経済的競争が生まれている。競争法に関係する機関は、この変容に対応しなければならない。さもなければ、判断者は特定の行為がどのような結果をもたらすかを見誤り、助言者は粗悪な助言を行い、弁護士やエコノミストなどは顧客の利益を適切に守ることができない。

　この章では、競争がどのように変容しており、そのことが競争法に対してどのような変化を迫っているのかを、明らかにする。その結果としてどのようなことが生じ、競争法がどのように対応しているのかを概観する。いつものように、本書では、問題の本質のみに注目する。それによって、役に立たず誤解を招きやすい情報に惑わされることなく、知りたいことを知ることができるはずである。

　この章では、根本的で永続的な変容を競争にもたらすものとして2つのものに注目する。1つは、グローバル化の深化と拡大であり、これは競争の規模を変革する。もう1つは、デジタルエコノミーであり、これは、競争の形態を新たなものにする。両者は、相まって、各法域内においてもグローバルシステムにおいても、競争法に対して変革を迫っている。

　この章には主に3つの目的がある。(1) 競争法に対してどのような変革が求められているのかを明らかにする。(2) 個々の法域がどのようにして対応しているのかを概観する。(3) そのような対応における重要な要素を明らかにする。

＊）「競争変数」については60頁訳者注＊）で述べた。

1　グローバル化の深化——競争の規模の変容

　経済的グローバル化の深化と拡大は、競争に参加するための地理的な壁を
減らすことによって競争の規模を変容させている。そのことは、形としては
目新しくはないが、変容の大きさと深さにおいて斬新である。今や競争は、
従来より多くの判断権者が、従来より多くの選択肢のなかから、従来より大
きく複雑な影響を社会にもたらし得るような意思決定を行うようなものとな
っている。簡単に言えば、従来より複雑で入り組んだ国際環境を競争に対し
てもたらしている。これが、「グローバル化の深化」である。

　競争法に関係する範囲で、競争の変容のうち重要なものをいくつか掲げる
と、次のとおりである。

　(1)　グローバル化の深化は、国境を越える市場の数を増やす。そのため、
市場がどのような経済的機能を営み、市場がどのような利害関係に影響を与
えるかにおいて、変容がもたらされる。

　(2)　グローバル化の深化は、国境を越える複数の市場や複数の社会を様々
の方法でますます強く融合させている。世界的なサプライチェーンの数や大
きさが劇的に増大しているのが好例である。このような仕組みは、多数の国
境を越えて多数の企業を結びつける。当事者間の多数の契約関係や業務提携
関係が、それぞれの当事者の経済的・政治的・社会的な利害に影響を与える。
個々のサプライチェーンの内部においても、国境を越えた主導権争いが起こ
る。

　(3)　拡大した市場がもたらすチャンスに乗ずるリソースに恵まれた者に、
富と力が集中する。

　(4)　このような大きな市場は新興成長経済圏の国々において特に発展をも
たらしやすくなる。大きな市場は、自己の商品役務を売って利益を増大させ
る機会が乏しかったはずの者に新たな機会を作り出す。しかし、大きな市場
は、新興成長経済圏の国々の外を中心に展開する大きく豊かな企業に利益を
もたらし、新興成長経済圏の国々の経済発展を歪めることもあり得る。

　(5)　このようなグローバル化は、国内経済に関する判断における外国のプ
レイヤーの役割を増加させることにも繋がる。国境を越える契約関係や財産
関係が増加すると、経済的な登場人物、法的な登場人物、政治的な登場人物

が、外国から、国内に向けて影響力を行使する機会が生ずる。ビジネスと政府との関係がますます複雑になると、このような影響はさらに大きくなる。

　（6）競争の規模が大きくなると、市場における様々な関係における不確実性が高まる。誰が何を所有しているのか。誰が何に関与しているのか。誰がどこでどのようにして何に関する力を持っているのか。誰がどのような判断について影響力を持っているのか。

　（7）これらの変容は政治をも変えるので、競争法は翻弄されることになる。例えば、多くの新興成長経済圏では、グローバル化によって国内の人々の間で外国企業や外国政府に自分たちの運命が支配されるという認識が強まり、外国企業や外国政府からの影響力を規制するよう、怒りや圧力が競争法に向けられることになる。また、例えば、このような変容を理由に、競争法が公正という法目的を実現することへの期待が高まることともなる。

2　デジタルエコノミー──新たな形態の競争

　デジタル技術は、既存の形態の競争を変容させ、新しい形態の競争を創造する。

　伝統的な市場においては、企業は通常、より良い商品役務をより魅力的な価格で提供することによって競争する。したがって、競争制限というものも、単独または複数の企業が、他の企業からの競争圧力とは関係なく行動して価格や価格に関係の深い競争変数を支配する力を得るという形で生ずることになる。このような力が、何十年もの間、競争法の中心的な関心事項となっていた。

　しかし、デジタルエコノミーにおいては、競争上の優位性というものは必ずしも価格に対する力でなく他の形態の力に依拠して生ずる場合がある。したがって、判断権者は、このような新たな動きに対応する必要がある。以下では、このような新たな動きを加味した概観を行う。

　このような変容の主な原動力は、迅速に、大量の情報を、収集し、集積し、整理し、加工し、戦略的に発信することのできるコンピュータの能力である。この技術を採用する者は、市場において優位に立つための新たな形態の方法に気づくことができる。そのような者は、データを武器として、そして、データを得ようとして、競争をするようになる。これが「ビッグデータ」の世

界であり、「グローバルデジタルエコノミー」である。

2.1　伝統的な形態の競争における新たな技術の活用

　企業は、これらの新たな技術を、伝統的な市場において伝統的に競争するために用いることができる。例えば、企業は、大量のデータを収集し、顧客の行動パターンを分析することで、既存の顧客や潜在的な顧客について多くのことを学べるようになるが、このようなことは、これまでは不可能ではないとしても困難であった。ここでは、技術は競争の性質そのものを変容させてはいない。そうではなく、競い合う企業に新たな道具を提供して、例えば、企業の商品役務に対する需要を増加させるなどしているのである。

　企業は、アルゴリズムを利用して反競争的な合意や単独行為を見えにくい形に埋め込むことで、伝統的な戦略の及ぶ範囲を拡大することもできる。理屈の上では、技術をさらに活用して、AI（人工知能）によって競争者間の競争停止をもたらす方法を模索し行為を見えにくくすることも可能であるが、そのような形で AI を利用するのは不確実性に溢れ、論争の的となる。技術がこのようにして使われるという問題は、競争法にとって新たな難しい問題を提起するが、しかしこれらは、伝統的な市場における基本的な形態の競争の発展形であるに過ぎない。

2.2　新たな形態の競争

　重要な変化は、コンピュータの技術を用いることによって、伝統的な競争の方法が少し変わるという点ではなく、新たな形態の競争が創造されるという点に見出すべきである。以下に見るような新たな形態における多くの戦術や戦略は、デジタルエコノミーの幕開けより前には、想像さえできなかった。

　この新たな変容の柱は、データの支配である。価格や品質による競争とは異なり、この競争形態は、データの収集と加工に基盤を置いている。このことは、伝統的な競争法が機能してきた前提に変容を迫り、そのような前提を無意味なものとすることも多い。

　大量のデータを支配し周到かつ戦略的に利用する企業は、その逆の状況にある競争者よりも、大きな競争上の優位性を持つ。ここで必要とされる能力とは、主に、企業が採用するアルゴリズムの品質であり、アルゴリズムを用いる担当者の才能と実力である。

　このような競争形態の中心的な特徴として、インターネット上のプラットフォームの役割がある。何かを買おうとする買い手は、プラットフォームを通じて買い物をする。プラットフォームは、買い手の要望を集積し、その情報を売り手に伝える、という役割を果たす。プラットフォームが買い手と接する側の面とは別の側の面においては、売り手がその販売条件をプラットフォームを通じて提示し、プラットフォームの利用の対価をプラットフォームの主（例えば Google）に支払うことが多い。その結果として生ずる売り手と買い手との間の取引は、必ずプラットフォームを通じて行われることになる。

　必然的に、情報がプラットフォームを通じてやり取りされ、アルゴリズムによって加工されて買い手と売り手に提供される。Amazon や Google の利用者ならわかるように、そのような情報は買い手が判断をする際に強力な影響力を持つ。買うかどうかを判断しようとする買い手に対して必要なデータを提供するのは、売り手でなくプラットフォームだからである。

　このような形態の競争においては、買い手に関するデータが価値を高め、データの支配が競争上の優位性や力の源泉となる。Amazon のような企業は、プラットフォームを利用する買い手と売り手の数の多さを基盤として、経済的な利益や力を得る。競争者も、データを武器として、そして、データを得ようとして、競争する。したがって、企業は、データを得たいがために、買い手に対してはプラットフォームの利用料を無料とする。これによって、プラットフォーム企業は、データの中に示された買い手に向けて広告などをする機会を、高値で販売できるようになる。一般的に、プラットフォームの利用者の数が多ければ多いほど、その価値は高まる。プラットフォーム企業は、そのようなデータを用いて、自社の商品役務を効率的に売ることもできる。また、データを他の者に売ることもできる。

2.3　ビッグデータをめぐる状況

　以上のようなデジタル技術は、競争法の関係機関に対して、問題のある行為をどのようにして発見して分析するかという問題を提起するのであるが、そこにおいて、ビッグデータの「ビッグ」である所以のところが問題をさらに複雑にする。上記のような新たな競争形態は、データの収集と整理のための多大の投資を必要とするが、データは、いったん収集・整理されてしまえば、使用し、加工し、取引するのに大きな費用はかからない。この、最初の

部分に費用がかかるという構造が、「ビッグ」でなければ意味をなさないという状況を加速する。Google や Amazon のような企業は、わずか数年のうちに、その競争空間を支配する「巨人」となった。これらの企業は、経済的な意味だけでなく、人権をはじめとする社会的な意味においても、力を振るう。

　さらに言えば、これらの支配的な企業は地理的に集中しており、ほとんどが米国を本拠としている。このことは、競争法について、他のほとんどの法域とは異なる経験や見通しを米国の担当官や弁護士に与えている。これらの見通しは、プラットフォームを提供する企業にとっての見通しと連関している。それ以外の全ての者はプラットフォームに依存しているので、大きく異なるインセンティブや利害を持っている。このような状況は、例えば中国のAlibaba が競争上の地位を高めるなどするにつれて長期的には変わっていくであろうが、しかし、既存のビッグデータ企業の先行者利益は簡単には崩れないであろう。

3　競争法への影響と対応──個々の法域

　このような新たな形態と規模における競争の変容は、競争法における多くの前提や検討手法に対して変化を迫ることになる。以下では、そのような影響のいくつかを見ていく。それを知ることが、競争法の現状、そして、競争法がどのように変わっていくかを、理解するために不可欠である。

3.1　法目的論

　「競争制限行為を抑制する」という競争法の中核的役割の内容は、もともと理解が難しいものであるが、グローバルデジタルエコノミーはこれをますます理解しにくいものとしている。伝統的な市場において何が競争制限であると言えるかという議論は、グローバルデジタルエコノミーにおいて常に妥当するとは限らない。そこで、議会や競争当局のなかには、法目的を明示的に書き換えるものも出ているが、既存のものを解釈し直すことで対応することとしている議会や競争当局もある。法目的として特定のもの（例えば効率性）を掲げている場合には、この競争の変容を受けて法目的がどのように変化するかが定かでなく不確実性が最も高くなるが、広く政治的・社会的な法

目的を掲げている場合には、競争の変容に対しても簡単に対応できる。

(a) 需要者厚生を重視する法目的論

　第 3 章で述べたように、「需要者厚生」という概念は競争法において様々の意味で用いられている。

　最も広い意味においては、「需要者厚生」とは、競争法は需要者への影響のみに注目すべきであり政治的・社会的な要素は法目的から除外すべきである、という程度の意味にとどまる。このような意味で用いる場合には、グローバルデジタルエコノミーに対しても、少し修正するだけで対応できる。

　しかし、「需要者厚生」という概念を狭い意味で用い、価格への影響のみを需要者厚生の計測における唯一または主要な競争変数と見て、行為によって競争価格よりも高い水準に価格が上昇する場合に初めて反競争的であると考える、という思考枠組みをとる法域は多い。ところが、デジタル市場においては価格という競争変数が伝統的な市場における価格ほどの意味を持たないため、価格という競争変数のみに注目したのでは競争に対する弊害を捕捉するのに役立たない可能性がある。例えば、プラットフォームを通じて買い物をする際にプラットフォームに支払う手数料はゼロであることが多く、そこには価格競争はない。

(b) 経済的効率性や市場構造を重視する法目的論

　経済的効率性や市場構造を重視する法目的論は、価格に対する影響に着目するものであるので、価格の役割が変容したグローバルデジタルエコノミーにおいては、その有用性に疑問が生ずる。

(c) 技術革新と経済発展を重視する法目的論

　技術革新と経済発展を重視する法目的論は、もともと、価格への影響を必ずしも重視するものではないので、グローバルデジタルエコノミーのもとでその価値が減ずるということもないかもしれない。経済発展というものは、教育や、政府の役割など、広く社会的・政治的な要素に左右されるものであるから、経済発展を重視する法目的論にグローバルデジタルエコノミーがどのような影響を与えるかということも明瞭ではない。経済発展に注目する開発経済学というものは、もともと、種々の論争の的となっており、価格を中

心とした法目的論に親和的な新古典派経済学ほどの正確性は欠いている。

　同様に、技術革新はどのようにして起こるかという問題も、状況によって様々である。技術革新を法目的論として重視するとしても、それに至ろうとする方法論には様々のものがある。それぞれが、技術革新という法目的はどのようになれば達成されたことになるのか、その観点からはどのような行為が有害であるのか、といった問題について独自の前提を置いている。したがって、技術革新を重視する法目的論がグローバルデジタルエコノミーのもとにおいてどのような役割を果たすかという問題を明瞭に論ずるのは難しい。

(d) 社会的・政治的な価値を重視する法目的論

　公正や平等といったものを掲げる法目的論は、経済的な法目的論より広くなるので、グローバルデジタルエコノミーから直接の影響を受けることも通常は少ない。しかし、ビッグデータは、これらの法目的に新たな要素を加え、一貫した法適用を難しくする。例えば、Google のような巨大 IT 企業の力や影響は、公正の成否を判断する際の重要な要素となるが、そのような力の存在が広く大衆に知られるようになると、それは手頃な政治的標的ともなる。

(e) プライバシーを重視する法目的論？

　グローバルデジタルエコノミーは、競争法の法目的としてプライバシー保護を加えるべきであるという議論を生み出している。ビッグデータ企業は、個人データを武器として、そして、個人データを得ようとして、競争している。その結果、ビッグデータ企業は、制御困難であるだけでなく正体不明でもあるリスクに個人データをさらすことになるかもしれない。個人データ保護は競争と密接に関係しているから競争法の法目的に加えるべきであるという主張もある。

　しかし他方で、個人データ保護は重要であるとしても競争法の問題ではなく、そういった問題を特に取り扱うために設計されているプライバシー法や消費者保護法などのような他の法分野で取り扱うべきである、という主張もある。この立場では、競争法にプライバシーを盛り込むと、プライバシーの問題を適切に取り扱えないだけでなく、競争法そのものが効果的でなくなる、という見方がされる。

　広めの見方をする欧州の競争法においてはプライバシーという法目的に重

要性を与えるのに対し、経済分析を重視する狭い見方をする米国反トラスト法ではプライバシーにはそれほどの重要性は与えられない。他の多くの法域には、この問題を念入りに検討するほどのリソースがないため、欧州や米国のような大きな法域の動きを見守りながら方向を探っている。

3.2　検討手法

　グローバルデジタルエコノミーは、競争法の検討手法にも変化を迫っている。検討手法が、法目的に至るための信頼し得る道筋を与える、と言えるのは、その検討手法を適用した場合の結果を確実に予測できる場合に限られる。しかし、ここまでに見てきたように、グローバルデジタルエコノミーは、行為の結果を評価するのを難しくしている。巨大 IT 企業を分割したり、巨大 IT 企業の規模の上限を定めることは、競争に良い影響を与えるのか。この問題に自信を持って答えることのできる者はいない。

　力は、競争法の分析の中核をなす。力があるからこそ、企業は競争を制限できるからである。デジタルエコノミーにおける力は、その企業がどれだけのデータを支配しているかによって決まる。伝統的な道具では、そのような力を分析したり影響を評価したりすることはできない。

（a）経済学的手法

　経済学的な検討手法は、価格との関係での力を分析する手法として発展し、信頼を勝ち得てきた。しかし、価格を主眼としていない競争を対象とする場合に価格に軸足を置いた分析をすることは、誤解を招き、有害である。既に見たように、デジタル市場における力とはデータの支配によるものであり、経済学がデータに関する明晰な理解と検討手法を持っていると考える者はまだ少ない。

　経済学は、今後においては、この新しい形態の競争を効果的に分析できるよう発展すると思われるが、しかし、理論が発展し検証されるためには数十年を要するであろう。しかも、仮に特定の手法が開発されたとしても、とても複雑であるために、法的な検討を行う関係機関において利用可能なものとはならない可能性がある。

(b) 標準的な法的手法

　グローバルデジタルエコノミーは、条文の解釈と事例研究という標準的な法的手法を効果的に進行させようとする作業にとっての障害ともなる。

　例えば、条文やガイドラインのような明文の解釈は、そこにおいて使われた用語の意味が共有されていて初めて信頼を勝ち得ることができる。伝統的な市場における価格を中心とした競争に対して適用されることを前提とした用語、例えば、競争者を追い出すために価格を引き下げる行為を指す「略奪廉売」のような用語は、価格がゼロであるデジタル市場に適用されても意味をなさない。このことは、既存の用語を使ってデジタル分野に関する議論をすると不確実性がもたらされる、ということを意味する。

　デジタルエコノミーは、事例研究の手法にも同様の問題をもたらす。

　事例研究の手法においては、判断権者は、同様の状況にある先例を参考として結論を得ようとする。そこでは、事例の比較が行われるが、一方の状況から得られた教訓を他方にも使えることが前提とされている。しかし、もし、伝統的な市場を取り扱った事例をデジタル市場に適用するというのであれば、そのような前提は有害である可能性がある。一方の事例において行為がもたらす影響を分析する際に用いた前提が、他方の事例において意味をなさないかもしれないからである。

　ここでも、例として価格の役割を用いることができる。伝統的な競争法の分析は価格を中心としているが、デジタルエコノミーにおけるプラットフォーム関係市場では価格はゼロであることがよくあるため、先例から得られる教訓は役に立たないことになる。

　比較というものに価値があるのは、法適用における一貫性をもたらすからである、という面がある。もし、根本的に異なる形態の競争に関する 2 つの事例を比較してしまうと、比較したせいでかえって一貫性のなさを生むことになる。

3.3　関係機関

　グローバルデジタルエコノミーは、関係機関が競争制限を発見し評価する能力に変化を迫るだけでなく、競争法の適用と法執行を不安定でコストのかかるものとする。このことは、関係機関そのものが自身の政策判断を支える検討手法に自信を持てない場合に、特にそのように言える。

（a）議　会

法案（や、ガイドラインのような法案以外の文書）の起草はますます難しくなっている。そこに書き込まれる明文は、自然言語を用いて、弊害をもたらすと起草者が考える行為を概念化して表現する。しかし、条文に書き込まれた行為がデジタルエコノミーのような新たな文脈においては競争上の弊害をもたらすとは言えない場合には、そのような明文は混乱を引き起こし、競争法にとっての実害を招くこともあり得る。このため、議会は、漠然とした言葉を使い、問題を裁判所と競争当局に丸投げする場合があるかもしれない。

（b）裁判所

グローバルデジタルエコノミーが関係する判断をする際には、裁判官は、目先の事例における行為を理解し予想される帰結を理解しているという自信を持てないまま、条文や先例を解釈したり適用したりせざるを得ない。裁判官は通常、経済学に関する訓練はほとんど受けておらず、デジタル市場において用いられる経済学的な前提を評価する能力にも乏しい。伝統的な市場の事例であっても、競争法の問題は特に難しいと多くの関係者が認めているところなのであり、グローバルデジタルエコノミーの複雑さと新規性は、これに拍車をかけることになる。このため、裁判官は、競争法の違反要件のような内容面でなく、手続面で事例を解決しようとするインセンティブを持つことになる。

このインセンティブは、裁判所が行政処分の司法審査をする際には特に顕著となる。裁判官は、証拠収集や証拠分析において通常は競争当局のほうが裁判所よりも大きな能力を持っていることに気づいている。このため、裁判所は、競争当局の判断を覆すのをためらうようになる。

裁判所が私的な法執行（私的当事者による民事裁判）を扱う場合には、2つの要素を加味する必要がある。

第1の要素は、当事者が証拠を入手し裁判所に提出するという過程をコントロールする必要があるということである。グローバルデジタルエコノミーにおける行為の影響については不確実性がある。したがって、当事者は、関係があるかもしれない資料を少しでも多く提出して自分たちの理解を裁判所に印象付けようとする。

私的な法執行であっても競争当局の収集した証拠を中心に動く法域におい

ては、私的当事者の立証活動の歪みを比較的簡単に修正できるのであるが、私的当事者が他者に対して証拠提出を求める権利を持っていて裁判所への提示の仕方も私的当事者に任せられているような法制であれば、裁判所が私的当事者の立証活動の歪みを修正することは難しい。

　第2の要素は、訴訟を進める能力に関する私的当事者間の格差である。デジタル産業を支配するような巨大 IT 企業は、訴訟の相手方よりも、遥かに大きなリソースを投入することができ、デジタル産業に関する専門性を示すことができるので、不公正だという受け止め方をされる可能性は高まることになる。

（c）競争当局

　最も大きな変化を迫られるのは、競争当局である。

　競争当局は、政策や個別事例の判断を立案し具体化していかなければならない。時には、グローバルデジタルエコノミーの環境のなかで、行為をどのように分類すべきか、競争上の弊害とは何を意味すると考えればよいのか、十分な自信のないままに判断せざるを得ない。このため、説得性があって効率的な法執行をするのは難しい。

　デジタル市場は急速に変容する。特定の支配的地位に立脚した行為は、1か月間は弊害をもたらしても、何か月か経てば力が瓦解し弊害をもたらさなくなる、ということもあり得る。競争当局の担当官がそのような弊害について理解した頃には、力が瓦解し行為が行われなくなっているかもしれない。その結果、法執行の努力が価値や効き目を持たない可能性がある。

　グローバルデジタルエコノミーは、競争当局が直面する複雑さ、不確実さ、リスク、コストを増大させる。以下は、その例である。

情報収集

　技術の進歩により、過去に比べて情報は遥かに豊富となり入手しやすくなっているが、膨大な情報の森のなかでどの情報に目を向けるべきかを明らかにする作業はコストがかかり時間も要する。さらに、データを提供する道具は、データを加工し見えにくくするのにも利用可能であり、技術の高い経営者なら、何が起きているのかを調査しようとする競争当局にとっての障害物を作ることは容易である。

支援と法執行

　グローバルデジタルエコノミーは、競争当局の活動に対する支援を阻害するかもしれない。

　例えば、競争法に対する国内の支援を無力化する可能性がある。多くの国では、投入するリソースに見合う利益を競争法がもたらすと信じてもらえないために、貴重なリソースを競争法に回そうという考えが乏しくなるであろう。競争の本質と効果についての不確実性が増すと、競争法に対する懐疑の念も増すであろう。そうすると、競争当局に対する政治的・財政的な支援は減少し、行為を調査し評価する力を阻害して、ひいては高度の能力を持つ職員を引き止める力も阻害するであろう。

　加えて、世界的なIT企業は、豊富なリソースと有力な政治的コネクションを用いることができるので、競争当局が法執行をしようとしたならばそれらの力を万全に利用して立ち向かおうとするであろう。例えば、多くの新興の法域の競争当局では、俸給が相対的に低く、それ以外に収入源（汚職によるものを含む）があるとなると魅力的なものとなってしまうであろう。そのような収入源を提供できる企業に対する法執行は妨げられてしまうかもしれない。

　しかし、デジタル技術は、競争当局がそれを使えるならば、法執行のほうにも力を与える。例えば、競争当局は、価格変動におけるパターンを分析し、これを協調的行動の証拠として用いて、伝統的方法では発見できなかった反競争的行為を発見できるかもしれない。競争当局は、デジタル技術を用いれば、特定の企業の行動を監視し、行為の影響だけでなく経営者の行動目的を明瞭に分析することもできる。

3.4　対象となる行為

　競争の変容は、競争法が対象とすべき行為についても影響をもたらす。以下に例示する。

（a）水平的合意

　グローバルデジタルエコノミーは、カルテルを発見するのを難しくする。例えば、グローバル化により、監視しにくい場所での共謀は行いやすくなる。ミャンマーのゴルフ場での話し合いは簡単には見つからないであろう。技術

は、見つかりにくい形で共同行為をする新たな方法を提供する。他社へのシグナルはウェブサイトに埋め込むこともできるし他の多くの方法でデジタル的に交換することができる。競争当局は、それを知って監視するための能力をほぼ全く持たない。

　他方で、技術は、それに対応できる競争当局に対しては、共同行為を探知するための高度な道具も提供する。むしろ、法的な疑念を持たれたくないと考える企業のほうが、政府の担当官より、そのような道具を使いこなすことが多い。そのようなインセンティブは極めて強い。

（b）垂直的合意

　垂直的合意の競争への影響を評価するのは、既に述べたように、伝統的な市場においても難しい。

　グローバルデジタルエコノミーは、これに、複雑さと不確実さを追加する。物流とマーケティングの両面で、対象地域は地理的に広がり、複雑さが増し、技術が洗練されるので、反競争的な影響を認定することの難しさとコストは高まる。

　デジタルエコノミーにおいては、さらに、革新のスピードが重視されるので、「過剰規制」が経済発展を阻害し、産業だけでなく地域社会や国民経済に弊害を与える、という主張は強まることになる。そして、個別の需要者ごとにマーケティングをしたり価格設定をしたりすることがデジタル技術によって可能となると、供給者が需要者と需要者の間で差別的な取扱いをすることにより反競争的な影響が生ずるという弊害が増大することになる。

（c）単独行為

　第 6 章で見たように、単独行為による弊害を認定するのは難しいことが多い。認定を難しくする要素は、2 つある。まず、合意のように、規制の着眼点として注意を引くような特定の工程がない。また、行為は単独企業の事業計画のなかに埋め込まれており、事業計画の他の要素のなかから問題の行為だけを取り出すのは難しい。グローバルデジタルエコノミー市場の複雑さと拡大は、この 2 つの障害をさらに大きくする。

　他方で、巨大 IT 企業の力というものは政治的に敏感な問題であるので、法執行を増やすようにすべきであるとする要望は高まりやすい。自信を持つ

て法執行を行うための法理論を見つけて発展させるのは難しいにもかかわらず、である。このため、法執行を行うにあたっての法的な基盤は揺らぐことになる。

　新興成長経済圏における小さな競争当局は、外国 IT 企業の力に対する強い政治的敏感さに直面することが特に多いが、使えるリソースや手法が限られているので、これらの企業に対峙できる範囲は限られることになる。

(d) 企業結合

　他の類型においても問題となる上記のような要素は、企業結合規制においては特に重くのしかかる。その原因は主に、企業結合が将来において影響をもたらすか否かを予想する必要があるからである。グローバルエコノミーの急速な進展は市場の変化の速度を高めるので、市場画定を不安定にする。また、技術の地殻変動が起こりやすいと、企業結合の将来の影響を予想する作業は、自信を持てない不確実な仕事となる。

4　競争法への影響と対応——グローバルシステム

　グローバルデジタルエコノミーの影響は、個々の法域のレベルだけにとどまらず、競争法のグローバルシステムの構造や機能にも及ぶ。競争法のグローバルシステムが相互適応と相互作用を特徴としていることを思い出してほしい。競争法のグローバルシステムは、外的要素の動きに対応して変化している。外的要素の動きとはすなわち、グローバル化の深化によってプレイヤーの数と多様性が増し、技術によってプレイヤーが何をどのように行うかが全く新しくなったということである。

4.1　プレイヤー

(a) 政　府

　競争法の歴史の初期から競争法の世界の中心をなしてきた先進国の小さなサークルと比較すると、グローバルな時代に競争法を新たに取り入れた法域の政府は、利害関係においてもリソースにおいても能力においても多種多様である。それらの政府は、欧州や米国や日本がほとんど経験したことのないような問題に直面している。例えば、根深く広い範囲に及ぶ腐敗、リソース

のなさ、経済のレベルの低さ、などである。

デジタル技術は、これらの問題に新たな影響や利害関係の変容をもたらしている。そのなかで最も重要な点は、おそらく、デジタル技術を主導する企業が、少数の国、特に米国、に偏在しているということである。これらの国とその関係機関は、そこに所在する企業の影響力から得るものがある。それ以外の国も、それらの企業のサービスを利用する側であり、それに依存してしまうことを警戒していることが多い。

(b) 国際機関

グローバルデジタルエコノミーは、国際機関の役割にも影響を与えている。

例えば、競争法をめぐる環境が複雑さを増していることは、そのような国際機関にとって、各法域が経験や専門性を共有するためのプラットフォームとして存在意義を発揮する可能性を高めている。そのような場では、技術の問題に関心を向けるようになる傾向があるが、それは、最近になって競争法を取り入れた法域の関係機関の関係者や、リソースが限られていて技術の問題を独力で検討するだけの資金等が足りない関係者にとって、特に価値が高い。

他方で、複雑さが強まると、国際機関としての政策や提言を明瞭で確信に満ちたものとすることは難しくなるかもしれない。また、競争法のプレイヤーにおける利害や状況の多様性が高まると、特定の政策が全ての要望に合致すると主張することは難しくなる。その意味で、国際機関は、「真理の伝道者」であることが難しくなっている。

(c) それ以外のプレイヤー

グローバル化によって、競争法の政策判断に影響を与える可能性のある私的なグループや組織の数と多様性は増大した。技術革新は、そのような私的なグループや組織に新たな役割や能力を与えた。グローバル化による変化と技術革新による変化が同時に起こると、競争当局の負担は必然的に増加する。これらの私的なグループや組織の仕事に対応しなければならなくなるからである。しかし、このような変化は同時に、競争当局にとって利益となる面もある。競争当局の事例探知や法執行の活動に対し、そのような私的なグループや組織から追加的な情報が提供されたり、国際的な人脈が提供されたりす

るからである。

　このような発展の中核をなすのは、弁護士や経営コンサルタントやエコノ
ミストなどの大規模で強力な事務所の数が増え、影響力を高めたという事実
である。そのうち多くのものが、競争法の世界の隅々にまで行き渡って活動
している。これらの事務所が提供するサービスは、国際的に活動する企業に
よって重宝されている。なぜなら、そのような事務所は、多数の国や関係機
関や市場に関する情報を収集し、分析し、提供するからである。これらの事
務所は、当然のことながら、それぞれの理念や目標を持っており、競争法の
政策判断に影響を与えるために多大のリソースを投下している。また、それ
らの事務所は、世界のあちこちとの付き合いを活かして、仕事を進め、影響
力を高めている。特定の判断権者（例えばブリュッセルの）を説得するのに成
功すれば、そのせいで他の判断権者（例えば、日本、ブラジル、チリの）を説得
するのに役立つかもしれない。

　世界的で大規模な法律事務所は、このような発展の中核にある。そのよう
な法律事務所は、世界的に統合された価値ある法務サービスを、特に大規模
な多国籍企業に提供する。このような法務サービスの世界的統合は、経営コ
ンサルタント・会計士の分野にも見られ、以前であれば別々の職域とされて
いたものをまとめて提供することも可能となっている。多くの国では、これ
らの専門職に関する公的または専門職集団ごとのルールや慣習により、これ
らの専門職集団は別々ということになっているが、グローバルな活動におい
ては協調して仕事をすることが多い。

　エコノミストも、そこまで大規模な活動にまでは至らないとしても、同様
の動きを見せている。エコノミストは、グローバル市場がもたらす影響を把
握するための他に類を見ない有益な道具を持っているので、グローバル競争
が広がり複雑さを増すにつれて、その影響力はますます高まっている。多く
の法域の競争法が、政策のレベルでも法執行のレベルでも経済学を重視する
傾向を強めている。

　また、デジタルエコノミーにおいては、デジタル技術の専門家が、新たに、
強い影響力を持つ職業集団として立ち現れており、そのような専門家はエコ
ノミストとともに仕事をすることが多い。彼らは、デジタル市場に対応する
ために用いる道具の開発において、競争当局にとって不可欠の人材である。

　しかし、そのような組織が提供するサービスは、大規模な企業にしか負担

できないような高額であることが多い。

　それ以外のロビイング集団も、グローバルシステムにおいて政策判断に影響を与えている。例えば、鉄鋼会社や自動車メーカーのような特定の業界の利益を代表する組織である。同様に、労働者の集団も、いくつかの国や国を横断した機関において発言力を持っている。技術のグローバル化は、これらの集団が国境を越えて協力することを可能とし、その影響力を高めている。

4.2　相互作用

　グローバルデジタルエコノミーは、競争法を持つ各法域の間の関係や相互作用を再構成するような影響を与えている。

（a）他のプレイヤーに関する情報収集

　他の法域に関する情報が利用しやすくなっている。

　もちろん、見た目ほど有益な情報ばかりではない。例えば、ある競争当局の特定の活動の状況や職員の数に関する多数のデータを入手できたとしても、その競争当局の政策判断に影響を与える非公式の活動やその他の要素に関する情報は入手できないことが多い（第 10 章参照）。それらについて知ることは、公式の事例がどのような結果となったかを知ることよりも、過去の政策判断を理解し、グローバルデジタルエコノミーの時代において競争当局がどのような行動をとるかを予想するに際して、現実問題として有益である場合がある。

　技術を使って情報を加工し、プレイヤーに関するイメージを歪めて伝えることも可能である。

（b）考え方の共有

　デジタル技術は、競争法の世界において考え方の共有をすることの重要性を高めている。例えば、デジタル技術によって、OECD その他の国際機関が策定した競争法モデルが容易に入手可能となっている。これらは、全ての組織と個人が共通に参照できるモデルとして利用されており、対話や議論を円滑にしている。

　しかし、考え方の共有をすることが逆効果をもたらすこともある。特定の事象に関するほとんど無限と言っていい情報や、多様なグループや関係機関

による膨大な提言は、容易に不確実性や混乱をもたらし、意見を取りまとめ
たり理解したりするための基盤を揺るがしている。

（c）コミュニケーション

　デジタル通信一般に共通した問題、すなわち、直ちに繋がり、また、歪曲
に弱い、といった問題は、競争法に関するコミュニケーションに対して具体
的な影響をもたらす。

　例えば、コミュニケーションは多くの場合は英語で行わなければならない
が、競争法の国際的コミュニケーションの参加者はその英語能力において多
種多様である。

　別の例を挙げると、ネイティブでない発信者が、米国反トラスト法の用語
を使って法的な概念や機関に言及し、当該発信者はそれが正しい使い方だと
思い込んでいるのだが、それは米国での使われ方とは重要な点で異なる、と
いう場合はある。多くの者はそのようなズレに気づかない。「ディスカバリ」
は、その一例であろう。外国の人は、この言葉を、裁判所による証拠の入手、
という程度のものと受け止めている。しかし、米国法の世界における「ディ
スカバリ」は、裁判所ではなく弁護士が情報を入手するという極めて特定の
手続の枠組みを指し、そのことについて多くの規則や解釈が存在する。この
種の誤解は、深刻な失敗の原因ともなり、また、コミュニケーションの信頼
性を損ねることになる。

　さらに、第 4 章の冒頭で既に見たように、競争法は、刑法や契約法とは異
なり、制定法などが何もなくとも存在したはずの法（ある種の意味での「自然
法」）ではない。競争法は、法典によって規定され、国内の機関によって練ら
れた上で適用されるのでなければ存在し得ない。このため、他の法域の専門
家が、特定の用語に込められた意味を知らなかったり、その用語を使う関係
機関の機能や役割を知らなかったりする可能性は高まる。

　最後に、デジタル時代のコミュニケーションは、極めて圧縮されている。
背景事情の説明を欠いたコミュニケーションを行っても、根底にある違いを
発見し明確化することはできない。

（d）共通化？　多様化？　共同化？

　グローバルデジタルエコノミーは、規範の共通化の問題にも影響を与える。

　まず、情報やモデルの共有が進むと、規範の共通化への条件が整うということにもなる。モデルがあると、規範の共通化の作業に枠組みが与えられ、力を入れるべき点が明確となる。他のプレイヤーの活動や見解表明に関する情報が増えると、判断権者にとって、同じ分野や問題に同様の関心を持っている者の存在を明確化できることを意味し、これがさらに規範の共通化に繋がる。モデルの提示や情報共有は、若干の分野において、幅広い規範の共通化をもたらしている。特に、企業結合の届出要件のような手続問題はその例である。また、モデルの提示や情報共有は、検討手法、特に経済学的な手法の利用においても、共通化を進めた。

　しかしながら、既に見たように、グローバルデジタルエコノミーは、システム間での相違点を、減らすというよりも増やす方向に作用する可能性もある。グローバルデジタルエコノミーを支配する者たち、すなわち、巨大IT企業やその本拠地の政府は、そのような分野において力や影響の少ない者たちとは異なる法目的論や検討手法をとることになるかもしれない。

　同様の影響は、競争法の法域同士で共同作業を行ったり協力体制を築いたりしようとする動きに対しても、及ぶ。参加者の数が増え、その利害や背景事情が多様なものとなっても、共同作業の価値は損なわれないが、共同作業は難しくなる。

　グローバル化の深化とデジタルエコノミーの進展は、両者が相まって、競争法に対して変化を迫っている。それは、変容した状況を理解し効果的に対応しようとする関係機関の知的・実務的な能力に対して変化を迫るだけでなく、これらに対する政治的な支援に対しても変化を迫っている。将来に向けて鍵となる問題は、これは全く新しい世界なのか、それとも既存の道具を改善していけばよいのか、ということである。本書によって競争法の世界に対する関心が芽生えたならば、今後もともに考え続けてほしい。

本書の読み方

　本書は、新しいタイプのガイドである。そこで、本書を読むにあたっての若干の提案をさせてほしい。

（a）本書の目標

　本書の目標を常に頭に入れてほしい。そうすれば、なぜ、ある情報は書かれており、ある情報は書かれていないのか、がわかる。なぜその情報はそのような形で提示されているのか、がわかる。本書の中核的な目標は、国内・国際の両方の次元で、競争法への扉を開くことである。対象となる読者は、初めての人と、初めてではないが競争法のいくつかの面について新たなことを知りたい人の、両方である。この目標を実現するには、競争法の国内的次元と国際的次元を取り結ぶ関係を明らかにできるような広い視野が必要となる。国内問題がどのようにして国際問題に繋がっているのかを理解することは、デジタル時代において競争法を理解し競争法の世界で活動するためには必須である。

（b）本書の前提となる状況

　本書は、新たな時代の状況を前提として書かれている。そのことは、本書において何をどのように書くか、ということに影響している。新たな時代の特徴とは、主に、次のようなものである。（1）市場はますます国境を越えるようになっており、そのような市場における競争は複雑となる。（2）競争法に関係したり、競争法に関する政策判断に影響を与えたりする個人や組織が、ますます増加し、多様となっている。（3）これらの参加者が、デジタル技術を用いて、幅広く、即時に、繋がることができる。（4）重要な情報は、膨大で、濃密であり、即時性があって、加工が容易である。

（c）本書が用いるスキル

　本書は、このような新たな環境のなかで活動するための鍵となるいくつか

のスキルを紹介し強調している。

① 何が起きているのかを把握する

　最も重要で基本的なスキルは、何が起きているかを理解する能力である。すなわち、競争法の分野で多数出てくる情報の文言、判断内容、説明などを解釈し、それらの情報が他の情報とどう関係し、どのような影響を与え合っているかを見極めることである。

② 将来の政策判断を予測する

　法における判断権者は、ほぼ常に、過去に学ぶことで、将来を予見しようとしている。「この判断権者は、我が社の望むような方向で権限を発動するのか、我が社がおそれる方向で権限を発動するのか、どちらなのであろうか」。これがまさに、顧客企業が弁護士やコンサルタントやエコノミストに報酬を支払う理由であり、政府の内外を問わず物事の分析をしようとする者が知ろうとすることである。グローバルデジタルエコノミーは、このような予想をする営みに対し、複雑さを付け加えた。本書は、必要とされる予想をする能力を高めることを目標として書かれている。

③ コミュニケーション

　グローバルシステムにおいて他者とコミュニケーションをするスキルは、何が起きているかを理解するためにも、何が起きそうかを予想するためにも、最も必要とされる。何が起きているかを理解する能力があるかどうかは、他者から情報を得て分析する能力があるかどうかによって決まる。何が起きそうかを予測する能力があるかどうかは、誰でも見ることのできる資料には出ていない本音のメッセージをつかむ能力があるかどうかによって決まる。出てくる結果に影響を与える能力があるかどうかは、他者が何を見て、何を言おうとしており、何をしたいと考えており、何が起きると考えているか、を理解する能力があるかどうかによって決まる。

（d）本書が用いる道具と戦略

　本書では、以上のようなスキルを用いる作業を支援し発展させるために3つの主な手段を用いる。

① 政策判断に注目する

　それぞれのスキルが有効に機能するか否かは、政策判断に影響を与える可能性の高い要素を理解する能力があるか否かによって決まる。そこで本書は、

政策判断と、それに影響を与える要素とに、注目する。それぞれの政策判断は、広い世界のなかでそれぞれの居場所を持っている。それぞれの判断には、それぞれの文脈がある。個人が判断することもあれば、組織が判断することもある。公式の判断もあれば、非公式の判断もあれば、秘密の判断もある。政策判断に注目するには、それを誰が判断するのか、判断する個人や組織は世界のどこにいるのか、を知る必要がある。そうすれば、その政策判断に影響を与えるのはどのようなものかを知ることができる。これが、価値のある情報と、そうでない雑多な情報を区別するための、最も有力な手段である。これによって、何が起きたのかを理解する能力、何が起きそうかを予想する能力、競争法の問題について効果的に情報交換をする能力が、研ぎ澄まされる。

② システムに注目する

政策判断は、それを行う組織や個人によって行われるので、組織や個人がどのように関係し合っているのかを知る必要がある。本書は、競争法の判断権者がどのように相互作用をしてグローバルな競争法のシステムを形成しているのかを説明し、そのシステムがどのように機能し、影響を与えているのかを明らかにする。

③ 細部にこだわらず大づかみにする

情報を濃縮し「大づかみにする」スキルは、上記のような作業をするにあたって特に価値が高い。本書の目標を達するために必要な材料を提供しようとする情報は大量にあるが、しかし、何が重要であるかをつかもうとする我々の能力を超えて大量であり過ぎる。したがって、デジタル以前の時代に用いられていたような方法とは異なり、情報から間合いをとって本当に重要な情報だけに絞るというスリムなアプローチが必要となる。本書は、データに示された基本的なパターンを認識し、広く受け入れられた中核的な要素を抽出し、その上で多様な違いに若干言及する、という方法で、大きな絵を描くようにしている。

(e) 本書の構成

本書全体の構成を頭に入れておけば、情報と分析とが絡み合う状況を見通すのに役立つ。

第2章では、どの法域においても用いられる競争法の中核的な定義を提示

し、各法域のシステムが多様であることを示す。これは、競争法を論ずる上で常に必要となる基本である。

第3章・第4章は、次のような内容である。まず、各法域の競争法において政策判断を行う際に用いられる様々な法目的論と、法目的をもとに具体的な政策判断を行う多様な手法とを、明らかにする。判断手法は、関係機関が用いるのであるから、関係機関がその手法をどのようにして用いるのか、その活動に影響を与えている要素は何であるか、を概観する。

第5章～第7章においては、判断手法、関係機関、法目的論、の3つが競争法の規制対象を決めることを念頭に置いて、規制対象となる行為を論じ、なぜこれらが弊害をもたらすと考えられているのか、そのような行為に対する法執行に影響を与える要素としてどのようなものがあるか、を明らかにする。

第8章～第10章では、グローバルシステムがどのように機能しているのかを理解し、国内と国際の両方のレベルで影響を与える重要な要素を把握する。そのために、まず、米国とEUという2つの法域の競争法に第8章と第9章を充てる。第10章では、全ての法域の競争法に影響を与える諸要素、つまり、いかなる法域の競争法であってもさらによく理解することができるようになるような諸要素に、光を当てる。

第11章は、それらの多くの要素がまとまって機能する様子を、個々の関係機関、プレイヤー、利害関係が、作用し合ってグローバルシステムを形成している状況を描くことによって示す。

第12章は、最終章として、競争法に変化を迫るもの、特に、デジタル化とデジタル市場とを、概観する。

本書は、競争法をさらによく理解したいと考える人であれば、どのような読者にとっても役立つように配慮して、書かれている。学生であっても、弁護士であっても、政府の官僚であっても、ビジネスパーソンであっても、研究者であっても、グローバル経済の発展に関心を持つようないかなる読者にも、役立つように書かれている。本書は、それぞれの読者のそれぞれの目的を達成するのに役立つはずである。私はそのように信ずる。

解 題
白石忠志

1 著者について

本書の著者、デビッド J. ガーバー教授は、その幅広い識見、卓越し安定した分析、豊かな国際的ネットワークによって、思慮に富む著作を生み出し、専門家を魅了してきた研究者である。とりわけ、*Law and Competition in Twentieth Century Europe: Protecting Prometheus*（Oxford University Press, 1998）と、*Global Competition: Law, Markets, and Globalization*（Oxford University Press, 2010）の2冊の研究書は、広く世界で読まれている。

著者は、日本との関わりも深く、何度も訪れて理解を深めている。私も何度かお会いしているが、私自身が、日本の専門家として、著者から取材され観察されていたのであろうと、原著を読みながら感じたところである。

2 本書の概要

本書は、抜群に面白い。

競争法の概要を、骨太に示している。余計な細かいことを書いていない。建前として語られることを建前として説明する。それが本質であるかのような語り方をしない。競争法の専門家の間で何となく知られている暗黙知を、構造化し、言語化している。以上のようなことを、どこかの怪しげで訳知り顔の者でなく、定評ある研究書を刊行済みの著者が重厚な筆致で語る。通常の教科書には書かれていない本当のことが、柔らかく、すんなりと、書かれており、ところどころで思わず笑ってしまうほどである。

ある法分野を、現代的かつ表層的な部分だけでなく、その歴史や文化との関係も絡めながら深く知りたい、という読者は、世界中に多くいる。しかし、そのような要望に応えるかに見える書物は、難解で、冗長で、読者を挫折さ

せることが多い。本書の著者は、そのような深い理解を与えるのに好適な資質を備えていながら、同時に、難解かつ冗長に枝葉末節をもてあそぶことの弊害を理解している。何が重要なのかを煎じ詰める訓練を日頃から行っていることが、よくわかる文章である。

　しかも本書は、歴史や文化を語るからといって、古色蒼然とした過去の遺物を愛でて読者に押し付けるわけでもない。グローバル化やデジタル化といった現代から未来にかけての重要課題にも目を向け、そのなかで既存の構造がどのように変容していくかについても、強い関心を向けている。

　本書は、競争法を素材として、世界の法の比較や、グローバル化・デジタル化が及ぼす激動を、描いているわけであるが、その手法は、競争法のみならず、他の多くの法分野にも適用可能であるように思われる。その意味で本書は、世界の法を比較しながら現代的視野でつかむための指南を、競争法を素材として実施したもの、とも言える。

　本書の原題は *Competition Law and Antitrust: A Global Guide* である。このうち、本書に込められた著者の願いや思想のようなものを端的に表しているのは "Guide" だと思われる。本書は、Competition Law と Antitrust を比較しようというものではない。冒頭の日本語版凡例でも触れたように、競争法という同じものが、米国以外では competition law と呼ばれ、米国では歴史的経緯により antitrust と呼ばれている。下世話な言い方をすれば、原題は、米国以外の潜在読者が検索しても、米国の潜在読者が検索しても、いずれであってもヒットするような書名にしたに過ぎない、とも言える。著者は原著のところどころで本書を "Guide" と呼んでいる。前述のような方法と枠組みによって多くの人に競争法を知ってもらいたいと願って、本書を執筆したからであろう。その考えを活かし、翻訳書の題名は『競争法ガイド』とした。

　序文や各章の解説に移る前に、法学書としての本書の最も顕著な特徴を挙げておこう。

　それは、「○○すべき」という提言がなく、全編にわたり、実際に存在する事象に関する「○○である」という描写に徹している、ということである。本書の特徴としてそのようなことを指摘すると、歴史や文化を扱うのに慣れた専門家からは、それはこの種の書物において当然の振る舞いであり、何を今さら指摘しているのか、という反応が返ってくるかもしれない。しかし、普通の読者は、法学書を手にすると、この本は多数説だろうか少数説だろう

か、などと考えることも少なくないのではないだろうか。本書は、当局に都合の良いことを書き連ねた翼賛書でもなければ、当局に対する批判をまとめた提言書でもない。ただ、ありのままの現実を描き、それを構造化して示した書物である。

　そして、その描写は、安定している。人によって、現実そのものの見え方も様々であるから、論者によって異なる表現の仕方があって当然であり、また、切り込み方の巧拙も生じ得る。私の見たところ、著者の論述は、バランスが取れており、同時に重要な点を突いているように思われる。その分析は、私が垣間見ている競争法の現実とも整合的であって頷くばかりであり、日本に関する記述も、大きな違和感なく読むことができた。これは、著者が、日本を含む世界中に人的ネットワークを持ち、本書中にしばしば現れる意味での「インサイダー」に確認しながら現実をつかむことができる研究環境を構築したために、可能となったものであろう。もちろん、その前提として、「インサイダー」が語る建前に惑わされず実際のところを見極めるための洞察力や背景知識が、本人に備わっている必要がある。

3　本書の序文が指摘する 3 つの問題と日本の状況

　本書の序文によれば、競争法には、一般の人々による平明な理解を妨げる 3 つの有害な問題があり、それらを取り除くために本書は執筆された、という。以下では、3 つの問題それぞれについて、日本での状況に即して具体的に敷衍する。

　第 1 の有害な問題は、必要以上に難しく説明しようとする専門家が多い、ということである。

　日本には、次のような事情があり、著者の指摘の好例を提供している。日本では、1947 年（昭和 22 年）の独禁法典の制定以来、「私的独占」と「不公正な取引方法」という 2 つの違反類型がほぼ同じ内容を重複して規定するという 2 階建て構造となっている。さらに入れ子的に、そのうちの 1 つである「不公正な取引方法」が、2009 年（平成 21 年）の改正によって複雑な 2 階建て構造となっている。諸事情はあるにせよ、単に、起草者の整理が悪かったというだけの話である。しかし、得てして専門家は、そこにありがたい意図が込められているかのように、複雑な条文を押しいただきながら説明する傾

向がある。

　また、日本では、競争法を含む授業科目に「経済法」という科目名が割り当てられていることも手伝ってか、「競争法を学ぶ際には経済学が必要ですか」という質問が発せられることがあり、それに対して専門家が、「必要です」と答える様子がしばしば見受けられる。もちろん、著者が本書で述べているように、競争法を理解し仕事で用いるためには、経済学は有用である。しかし、やはり本書がその全体によって自ら示しているように、経済学の難しいことがまだわからなくとも競争法の基本構造を体得しグローバル化・デジタル化のなかでのその躍動を感知することはできる。経済学が必要、とする一部の専門家の回答は、競争法に関心を持った多くの人に対し、障壁を高くしてしまっているように思われる。

　第2の有害な問題は、競争法に対する歪んだ理解が蔓延している、ということである。

　日本でのわかりやすい一例は、日本の競争法は「独占禁止法」と呼ばれることが多いにもかかわらず、独占を禁止してはいない、ということである。禁止されていないので、独占はあちこちに見られる。それにもかかわらず「独占禁止法」という法律が存在している、という面妖な状況が、誤解を広げ、理解が難しいかのように見せ、解説を面倒なものとしている。単に、1947年の起草者のネーミングが悪かったというだけなのであるが、起草者を必要以上に持ち上げる日本法周辺の雰囲気に加え、悪いネーミングがもたらす弊害というものに無頓着な人が多いということも手伝って、日本の競争法にとっての重い荷物となっている。

　第3の有害な問題は、競争法を自国に閉じたものと理解し、外国からの影響を見ようとしない、見せようとしない、という論がしばしば見受けられる、ということである。

　日本でも、そのようなものに出会ってしまうことがある。

　競争法専門家は、よく法学入門書で言われる「条文からスタート」という思考手順をとらないことが多い。むしろ、外国と共通した弊害要件論に即して思考したうえで、最後にその結果を日本の条文に当てはめて法令の適用としての形を整える、という順序で思考する傾向が強い。すなわち、世界共通の実質的思考が優先であり、細かな条文はその次である。しかし、そのような思考枠組みを優先した体系化をしようとすると、条文軽視の少数説である

として攻撃される。第1の有害な問題について前述したように、細かな条文を挙げて、外国の専門家に説明しても意味がないような議論に重点が置かれてしまうことは、少なくない。

　日本の競争当局である公正取引委員会は、何かの施策を講ずる際、外国の影響によるのでなく独自の力でそのようにした、と強調しようとする場合がある。その最も大きな例の1つは、やはり、平成に入ってからの独禁法の重要性の増進であろう。独禁法が急激に重要なものとなったきっかけとして、平成初年の日米構造問題協議に象徴される「外圧」があったことは間違いなく、それによって公正取引委員会の発言力が増し、有為の人材が独禁法に目を向けるようになったという面があることは否めない。もちろん、現実の動きは多面的であり、他の事情も働いていたはずであって、そのなかには、公正取引委員会による独自の努力も含まれるであろう。しかし、それを強調したいあまり、独自の力のみを掲げるのは、歴史の歪曲ではないかと思われる。

4　各章の流れや注目点など

　本書は、比較的短いうえに、各章をまたぐ全体像の説明を、冒頭の第1章4で行い、かつ、巻末の「本書の読み方」の末尾においても、本書の全体の流れを手際よく示している。

　したがって以下では、屋上屋を重ねるのを避け、各章のいくつかの部分についてのみ、コメントすることとしたい。

①　第3章
　第3章は、競争法において登場する法目的論を網羅している。まずはこれを読めば様々な法目的論の概要をつかめる、という、まとまりの良さである。

　ここで興味深いのは、数々の「経済的な法目的論」に対峙する「社会的・政治的価値を重視する法目的論」が、競争法先進国における批判勢力としてだけでなく、新興成長経済圏の法域における利害の産物としても、描かれている点である。これだけを見ても、この種の議論における呉越同舟の複雑さを予感させるに十分である。

　また、表向きに明文化・言語化された法目的だけでなく、言語化されず隠された法目的もあることに、忘れず言及しているのが本書の特徴である。

②　第４章

　第４章は、議会・競争当局・裁判所の相互関係を、特定の法域を前提とした固定観念で説明するのでなく、多数の法域を念頭に置いた相対的な視角から、重厚に論じている。

　この章は、当然のことながら競争法を素材としたものではあるが、競争法に限らず、法分野一般において、議会が考えそうなこと、行政当局が考えそうなこと、裁判所や個々の裁判官が考えそうなこと、を、こだわりのない平明で相対的な視角から、描いている。私は、本書の翻訳作業中に、大学に入学したばかりの学部１年生の事前予習教材として、第４章の仮訳を配布した。そのような使い方もできる内容である。

　具体的には、例えば、議会が法律を作るのは、一定の行為を禁止し、違反があれば命令する、という作用に国内で具体的強制力を持たせるためだけではなく、自分たちの国ではこのような法律を作ったのであるという事実を外国に向けてアピールするためである場合もあり得る、ということを、さらりと論ずる。本書の別の箇所でも随所で述べられるように、1990 年代から 2000 年代にかけての競争法制定国数の激増は、対外アピールという要素がかなりの部分を説明している。そのような現実を抜きにして、Ａ国では何条がカルテルを禁止し、Ｂ国では何条がカルテルを禁止する、などと解説しても、大きな意味はない。

　行政当局というものが、世界各国で普遍的に一様であるわけではなく、規模・能力・リソースの観点から様々であることに言及している点も、固定観念を破壊する本書の重要な特徴である。当局の独立性やリソースに関する叙述の背後では、腐敗の影に言及することも忘れない。当局関係者の熱意という要素も、教科書的な書物が最も触れないものであると思われるが、本書はさりげなくそれに言及する。

　裁判所に関する解説も、興味深い。裁判所による競争当局の命令等に対するチェック（司法審査）には様々な形態がある、という点だけであれば、他の比較法的文献等でも言及があるかもしれない。しかし、それだけでなく、裁判官の能力やインセンティブ、思考回路にまで言及するのが本書の凄みである。米国などの裁判官は比較的年長の段階で終身の指名を受けるから何ものをも顧慮する必要がないが、官僚的ヒエラルキーのなかに裁判官が置かれる国では上司の顔色をうかがう判決を書く傾向が生ずる、との旨をさらりと

指摘する。裁判官は、どうしても、若い頃から培った伝統的な法的議論の枠組みを尊重しがちである、ということも、遠慮なく指摘する。「裁判所は、競争法の事件について、違反基準の論点をかわし手続的な論点で解決しようとする強いインセンティブを持つようになる。」という叙述を読んで、特定の判決を思い浮かべる専門家も多いのではなかろうか。

③ 第5章〜第7章

　第2部に属する第5章から第7章は、競争法の規制対象行為を1つ1つ掲げている。

　歴史研究や国際比較を専門とする著者が、各国の現場で日々刻々と適用され運用される違反要件を説明したものであり、少し物足りないところがあるかもしれない。例えば、混合型企業結合に関する記述は一昔前のものである。

　しかし、それぞれの専門家に得手・不得手があって当然であることを考えれば、それもやむを得ないことであるし、必要最小限の記述は、手堅く行われている。

　むしろ、豊かな競争法先進国であるか、新興成長経済圏の国であるかによって、重点を置く違反類型が異なる、という解説などに、本書の面目躍如たるものを見出すべきであろう。

④ 第8章〜第10章

　第3部は、米国を扱う第8章、欧州を扱う第9章、その他を扱う第10章から成る。

　この3つの章の組立ては、著者の前著である *Global Competition* の第2部第5章〜第7章に見られたものであり、そこで展開された重厚な研究の成果に最新事情を加味したものとなっている。さらに、同書と同様、欧州の章は、別の前著 *Law and Competition in Twentieth Century Europe* の成果をふんだんに取り入れたものである。

　米国と欧州という競争法の双璧に関する叙述も興味深いが、その他を扱う第10章は、多様なものを分析する場合の分析手法の1つの模範を提示しており興味深い。すなわち、まず、世界のいずれの法域を観察する場合にも使える尺度として、国内経済、社会、文化と宗教、政治的背景、国内法の法シ

ステム、国際的な役割や地位、を挙げる。そして、代表的な３つのグループ
を掲げ、それぞれの特徴を述べたあと、各グループ内の複数の法域の相互の
相違点などにも触れる。そのような形で、日本と韓国の共通点と相違点も描
写される。

　日本という、比較的恵まれた、どちらかというと競争法先進国に近い位置
付けとなっている国にいる者としては、ここでもやはり、ラテンアメリカや
新興成長経済圏の各法域のように、競争法に投入されるリソースが少なかっ
たり、別の目的で競争法が利用されることがあったり、という事象に目を向
けておくことは、視野を広げ、自己を相対化するのに役立つように思われる。

⑤　第 11 章（および第 12 章 1）

　第４部において、第 11 章はグローバル化を扱い、また、第 12 章のうち 1
も、デジタル化によるグローバル化の変容・深化を扱っている。

　これらも、著者の前著 *Global Competition* の成果を基盤としつつ本書のた
めに最新状況を述べたものである。

　競争法の国際問題、というと、第 11 章の 1 で取り上げられた管轄権の問
題がまずは言及を受けるのが通常であるが、著者は、そのような作法に一応
は従いつつ、しかし、それと並んで、いや、それよりも重点を置いて、相互
適応と相互作用の問題を論じている。私が OECD や ICN の会合等に関与し
た狭い経験からも納得できる、広い視野からの安定した記述が展開されてい
る。

⑥　第 12 章（とりわけ 2 以下）

　第 12 章、とりわけ 2 以下は、グローバルデジタルエコノミーあるいはデ
ジタルプラットフォームの問題が競争法に既にもたらし、また、今後もたら
し得るインパクトを論題とする。大きな流れをつかむ著者特有の力は、ここ
でも冴えを見せている。

　細かな点を挙げると、私としては異論もある。著者は、価格をめぐる競争
からデータをめぐる競争に変容した、という見方を柱として論じている。し
かし、価格とデータは、論理的に同等の次元で並べられるものではないよう
に思われる。価格という競争変数と同等の次元で対峙するのは、プライバシ
ー保護の程度という競争変数であり、あるいは、それを包含する、品質とい

う競争変数であろう。ビッグデータは、確かに重要な問題ではある。しかしビッグデータは、価格という競争変数のみに一辺倒の分析が主流であった時代を変えて、プライバシー保護の程度などを含む品質という競争変数を表舞台に出し、無料すなわち価格がゼロであっても競争制限というものは観念できる、という考え方を受け入れさせた立役者であって、また、それに過ぎないと位置付けるべきであろう。言い換えれば、価格競争を続ける業界でも、ビッグデータを使うことはあるはずであろう。価格競争からデータ競争へ、という抽象的な標語だけであれば、わかった気になる。しかし、価格は、需要者に提示する競争変数である。データは、需要者に価格や品質という競争変数を提示しつつ競争を勝ち抜くための手段として、他に先んじて獲得しようとするものである。この違いは、制度設計や違反要件を論ずる場面では、踏まえておかなければならないように思われる。

　しかしその点は、グローバルデジタルエコノミーに関する著者の分析の長所を損なうものではない。著者は、グローバルデジタルエコノミーのもとでの制度設計や違反要件を論じているというよりも、さらにマクロの、グローバルデジタルエコノミーが法システム全体やグローバル化に対して与えるインパクトを、主題としているからである。

5　本書を読み終えたら

　本書を読んで競争法の概要をつかんだ読者は、次にどうすべきか。

　英語文献を紹介するとすれば、まずは、本書の原著 *Competition Law and Antitrust: A Global Guide* であろう。薄くて読みやすく、著者の息遣いをさらに身近に感得することができる。原著の巻末には 10 ページを超える分量の "Reading Lists" もある。そこに掲げられた英語文献を読める読者はまず原著を入手するであろうから、本書では、著者の了解を得て "Reading Lists" の転載を省略した。

　本書の第 3 部、あるいは、第 4 部のうちグローバル化に関する著者の真髄にさらに触れたい場合には、既に紹介している著者の 2 冊の前著 *Law and Competition in Twentieth Century Europe* や *Global Competition* に挑戦するとよいであろう。これらのまとまった日本語訳は、ないのではないかと思われる。

　これを機に、特定の法域の競争法を具体的に学びたいという場合には、米国にも EU にも日本にも、それぞれ、全体をカバーする体系書や概説書がある。それらを手に取るのも、1つの考え方であろう。ただ、それらは、本書が暗に示唆するように、余計なことが多く書かれていて長かったり、理解を不明瞭にさせることが説明なく書かれていたりすることも少なくない。

　その意味では、著者が decision（政策判断）と呼んでいる様々のものを、学ぼうと決心したその日以後のものだけでもよいので、地道に眺め始めるという方法も、有力であるかもしれない。本書が提示する、既存の常識や建前による曇りを取り払った平明な視点で、少しずつ観察を積み重ねることこそ、上達の早道ではないかと思われる。そのような情報は、競争当局のウェブサイトをチェックするだけでも、かなり入手できる。現代も、月日が経てば過去となる。日々の観察は、月日が経てば、過去の政策判断に対する思考の蓄積となる。それは、著者が繰り返し言及したところの、将来の政策判断の予測、あるいは、そのための枠組みの提示を、確かなものとするであろう。継続は力となる。

訳者あとがき

　著者は日本を何度も訪れたことがあり、京都の寺で散る桜の美しさは忘れ難いと最近もメールで伝えてくれました。私が特に親しく接する栄に浴したのは、2018 年 2 月に東京大学のプロジェクトでお招きし専門家セミナーなどを開催した機会においてでした。蕎麦屋の 2 階にお連れし、最後に私が先導して後退りしながら階段を下りたこと。別の店で妻の弥生と 3 名で食事をしたこと。思い出は尽きません。弥生にとって David というと、店を出る時に探し回った帽子が実は本人のコートのポケットに入っていたという微笑ましいエピソードが一つ話となっています。

　1945 年という歴史上重要な年に生まれたことを知った著者は、世界が安全で平和であることに少しでも貢献したい、という願いを持つようになったそうです。解題で述べたように、本書には、競争法はこうであるべき、という規範的主張は前面に出てきません。しかし、競争法を、グローバルな視野から研究し、その成果を世界中の人々に伝えるという著者の仕事の背後にあるものを、生まれ年に関する著者の述懐は雄弁に物語っているようにも思われます。

　2014 年頃、著者から、前著 *Global Competition* を日本語に翻訳することについて打診を受けました。意義の大きなことですから、迷いましたが、浩瀚な書物であり多大の時間を要しそうであること、原著の出版から既に年月を経てしまっていたこと、などを考え、残念ですが辞退しました。他のいくつもの言語に訳されていたようでしたが、せっかく日本語に翻訳するのであれば、きちんと時間をかけて丁寧に訳したいと思いました。その時の判断は今でも後悔していません。しかし、心には残っていました。

　2018 年 2 月の東京での交流を経て、2019 年 4 月、シカゴにある研究室を訪ね、食事に行く機会がありました。この時、著者から、本書の構想を聞かされました。私自身も、著者が本書の序文で述べることになる 3 つの問題を強く感じています。気がついた時には、その書物が刊行されたならば日本語に翻訳させていただけないかと申し出ていました。著者は直ちに快諾し、既

に執筆されていたいくつかの章の草稿も送ってくれました。

　結局、原著の最終原稿が出来上がり、著者から送られてきたのは、2020 年 1 月です。光栄ではあるものの、本書にも出てくる ICN の企業結合作業部会のため 2 月末にメルボルンに出かける準備もあって、しばらくは着手できませんでした。ところが、帰国後すぐにやってきたのが、新型コロナウイルス感染症に伴う「巣ごもり」期間です。あちこちに出かける必要がなくなり、毎日のように、朝の静謐な時間を有効に使えることとなりました。4 月に緊急事態宣言となったあとは、かえって、文科一類 1 年生の「法 I」や法科大学院の「経済法」などのオンライン授業等のため、時間はなくなったように記憶します。しかしともかく、3 月に相当程度において翻訳作業を進めることができたのは、大きな意味を持ちました。自分の励みと、記録のため、Twitter で「朝の翻訳」というキーワードを常に入れて、進捗状況を書き込みました。「法 I」では、4 月の回で、本書第 4 章の翻訳の草稿を学生に配布しました。立法・行政・司法を、建前ではなく、しかも自国を相対化した広い視野から、学ぶ必要性を感じてもらえたのではないかと思います。

　その後、6 月に、東京大学出版会の山田秀樹さんに連絡し、本書について初めて相談しました。ありがたいことに、出版の方向で進めていただけることとなり、そうこうするうち、2020 年 8 月 27 日、原著が刊行されました。日本では、8 月には電子書籍だけで、10 月から、紙の書籍も販売開始となったようです。その後も種々の用件に囲まれつつ、11 月にようやく、翻訳草稿を山田さんにお届けしました。

　山田さんからは、万端の事務進行だけでなく、本書を良いものにするための多岐にわたる提案や指摘をいただきました。改めて深く御礼申し上げます。

　研究室でいつも支えてくださる田中孝枝さんは、今回も心強い存在でした。

　弥生は、笑って帽子の話をしながら進行状況を気にかけてくれました。

　David との約束をようやく果たすことができ、ほっとしています。

　2021 年 4 月

白 石 忠 志

索　引

[著者] デビッド J. ガーバー（David J. Gerber）
シカゴ・ケント法科大学院特別教授（University Distinguished Professor Emeritus, Professor of Law Emeritus, Chicago-Kent College of Law, Illinois Institute of Technology）
トリニティ・カレッジ（コネティカット州）で学士、イェール大学で修士、シカゴ大学で法務博士。ニューヨークと欧州での実務経験のあと、研究教育に従事し、世界の多数の大学における客員教授等の経験も持つ。代表的な著書として、*Law and Competition in Twentieth Century Europe*（Oxford University Press, 1998）、*Global Competition*（Oxford University Press, 2010）、がある。

[訳者] 白石忠志（しらいし・ただし）
東京大学教授（法学部・大学院法学政治学研究科）
主な著書として、『技術と競争の法的構造』（有斐閣、1994年）、『独禁法講義』（有斐閣、初版 1997 年、第 9 版 2020 年）、『独占禁止法』（有斐閣、初版 2006 年、第 3 版 2016 年）、『独禁法事例集』（有斐閣、旧書名初版 2008 年、初版 2017 年）、がある。

競争法ガイド

2021 年 6 月 18 日　初　版

[検印廃止]

著　者　デビッド・ガーバー
訳　者　白石忠志
　　　　しらいしただし
発行所　一般財団法人　東京大学出版会
　　　　代表者　吉見俊哉
　　　　153-0041 東京都目黒区駒場4-5-29
　　　　http://www.utp.or.jp/
　　　　電話 03-6407-1069　Fax 03-6407-1991
　　　　振替 00160-6-59964
組　版　有限会社プログレス
印刷所　株式会社ヒライ
製本所　誠製本株式会社

ここに表示された価格は本体価格です．御購入の
際には消費税が加算されますので御了承下さい．